WAS
BLEIBT?

Eine Gesprächsreihe über das
Bleibende und Vergängliche.

Impressum

HERAUSGEBER UND AUTOR
Pascal Koradi

KORREKTORAT
Wolfgang Baumgartner

GESTALTUNG
Megura AG Werbeagentur

ISBN
978-3-7597-8698-2

VERLAG
BoD · Books on Demand GmbH, In de Tarpen 42,
22848 Norderstedt

DRUCK
Libri Plureos GmbH, Friedensallee 273,
22763 Hamburg

INHALTS-
VERZEICHNIS

RENÉ WIEDERKEHR

Geschäftsinhaber

Welche bleibenden Erinnerungen verbinden dich mit unserem Club?

Viele tolle Meetings, vor allem auch in den Anfangsjahren unserer Clubgeschichte, zeichneten sich durch hohe Anwesenheit und das persönliche Engagement jedes Einzelnen aus.

Verschiedene Arbeitsmeetings und Veranstaltungen wurden von den meisten damaligen Clubmitgliedern durch persönliche Mitarbeit getragen.

Intensive persönliche Gespräche mit Tiefgang sowie diverse höchst interessante und zielführende Diskussionen über Clubziele und unsere gemeinnützige Helferarbeit prägten unsere Erfahrungen.

Nicht zuletzt war es bereichernd, sehr interessante und spezielle Clubkameraden kennenzulernen!

Was bedeutet dir persönlich die Mitgliedschaft?

Kennenlernen von und Kontakte pflegen zu interessanten und erfolgreichen Mitmenschen!

Dadurch erhält man Einblicke in die Berufspraxis und das Unternehmertum.

Mit gleichgesinnten Lions Menschen in Notsituationen und Bedürftigen zur Seite stehen und Hilfe anbieten!

Persönliche Bereicherung erfährt man durch die vielfältigen Impulse im Clubleben.

VORWORT DES GRÜNDUNGSPRÄSIDENTEN

Der Lions Club Baden-Heitersberg wurde am 5. Oktober 1985 gegründet. Zur damaligen Zeit waren die technischen Voraussetzungen für das Festhalten von Erinnerungen fundamental verschieden von heute. So war die Fotografie noch mit dem mühsamen Entwicklungsprozess des negativen Bildmaterials und den entsprechenden logistischen Unannehmlichkeiten verbunden. Ein vermeintlicher Schnappschuss war oft langwierig durchdacht. Das ist heute unter entsprechendem Einfluss unserer Erinnerungskultur auf das Bleibende fundamental anders.

Meine Intention war es nie, einen Lions Club zu gründen. Es gab eine entsprechende Konstellation im Lions Club Baden, die zur Geburtsstunde unseres Clubs führte. Josef Schmid und Hans Huser, mein Onkel, waren die eigentlichen Initianten. Weitere Gründungsväter und ich wurden angefragt, die zwanzig zur Gründung notwendigen Mitglieder zu bestimmen und entsprechend zu motivieren. Das ganze Vorhaben startete irgendwann im Jahr 1982 ohne exakt definierten Zeitplan. Wir haben uns in dieser Angelegenheit in unserem heutigen Clublokal, der Linde Fislisbach, getroffen. Mit Mühe und Not haben wir danach die Mindestzahl erreicht, insbesondere auch dank der temporären Gründungsmitgliedschaft von Sepp Schmid, der für ein Jahr zu unserem Club wechselte. Die Gründungsmitglieder rekrutierten sich aus unserem unmittelbaren Freundeskreis und den Aspiranten beim Lions Club Baden, die damals bei unserem neu gegründeten Verein Anschluss fanden.

Ich habe diese Zeit in guter Erinnerung. In meinem Freundeskreis veränderte sich damals vieles. Ich sah das Ganze auch als Chance, in meiner unmittelbaren Umgebung einen festen Freundeskreis zu etablieren. Wir unternahmen im und mit dem Club viel und engagierten uns vielseitig. Gemeinsame Erlebnisse, das Wirken im Rahmen von Aktivitäten zugunsten Dritter sowie unsere Jugendarbeit schufen ein Zusammengehörigkeitsgefühl. Die

Entwicklung unseres Vereins bereitet mir Freude. Die jüngeren Clubmitglieder packen die Themen anders an, als wir das getan haben, was ich in erster Linie als Bereicherung erlebe.

Erinnerungen sind der bleibende Wert des Lebens. Das beschäftigt mich. Neben dem körperlichen Nachlassen, mit dem Altern unabänderlich verbunden, ist die abnehmende Geisteskraft von wohl noch grösserer Bedeutung für jeden Menschen. Die Gespräche, die in diesem Buch wiedergegeben werden, geben wichtige Erlebnisse der Protagonisten wieder. Die geschilderten Geschichten waren für diese Menschen von bleibendem Wert. Dennoch bleibt die wenig tröstliche Erkenntnis, dass die direkte Erinnerung an diese Geschehnisse mit dem Ableben dieser Persönlichkeiten unrettbar verschwinden wird. Eine kollektive Erinnerung an solche Ereignisse existiert im eigentlichen Sinne nicht. Dieses Buch kann und soll helfen, Erinnerungen zu sammeln und am Leben zu erhalten.

Ich wünsche den Leserinnen und Lesern viel Freude an der Lektüre unserer im 38. Vereinsjahr geführten Gespräche.

Heinz Wetter

WERNER BILGERIG

Eidg. dipl. Gipsermeister

Welche bleibenden Erinnerungen verbinden dich mit unserem Club?

Ich fand es immer schön, wenn wir etwas zusammen machen konnten.
Ich erinnere mich noch gut daran, als wir auf einer Alp in der
Zentralschweiz das Wohnhaus eines Bergbauern neu aufbauten. Walter
Koller war der Bauleiter. Es war ein zweitägiger Einsatz mit Übernachtung
im Heu. Gerne erinnere ich mich auch an das grosse Fest in Bellikon
zusammen mit der SUVA. Das 20. Jubiläum in Dättwil sowie die zwei
Tage Klettern im Fricktal werde ich nie vergessen. Auch der Besuch im
Oldtimer-Museum in Safenwil oder die Besichtigung des Flughafens
Kloten waren Erlebnisse der besonderen Art. In guter Erinnerung bleibt mir
auch mein Präsidialjahr.

Was bedeutet dir persönlich die Mitgliedschaft?

Mein Motto ist: Wenn ich in einem Verein oder Club bin, dann versuche ich
auch immer, an den Meetings teilzunehmen. Ich erinnere mich noch gut an
die Zeit, als wir eine sehr gute Präsenz hatten. Deshalb mussten wir einmal
mitten im Jahr Geld in die Essenskasse einzahlen.

Ich finde es sehr interessant, die Kollegen alle 14 Tage zu treffen.
Wir sprechen über ganz andere Themen als im Alltag. Der Abend ist gut
strukturiert und ich nehme immer neue Erkenntnisse mit nach Hause.

Der soziale Aspekt ist für mich sehr wichtig. Unser Ziel bei Lions ist es,
Menschen oder Institutionen zu unterstützen. Mir gefällt am besten, wenn
wir gemeinsam etwas Sinnvolles und Unterstützendes machen können,
zum Beispiel Jassen im Altersheim.

ANDREAS BÜRGE

Dipl. Wirtschaftsprüfer / Unternehmensberater

Welche bleibenden Erinnerungen verbinden dich mit unserem Club?

Die persönlichen Gespräche, auch bei den «unter uns»-Meetings, und
die Tatsache, dass wir immer wieder in der Lage sind, im In- und Ausland
Projekte zu unterstützen, bedeuten mir viel.

Was bedeutet dir persönlich die Mitgliedschaft?

Die vielen Gespräche und Begegnungen mit Personen aus den
unterschiedlichsten sozialen und beruflichen Schichten finde ich sehr
bereichernd.

WAS BLEIBT? EIN GEDANKENANSTOSS ZUM THEMA

Lions-Meeting vom 4. August 2022: Gespräch mit Christoph Weber-Berg

Einordnung und roter Faden

Mit Christoph Weber-Berg startete die Gesprächsreihe. Ziel war es, damit in die Thematik einzuleiten. Der Gedankenaustausch sollte dabei den Charakter eines Salongespräches haben. Unser Gast soll nicht ein Referat halten, sondern vielmehr eine externe Sicht einbringen und so unsere Gespräche untereinander bereichern. Als Gesprächsleiter oder Moderator versuchte ich, unserer Diskussion eine Struktur zu geben. Zur Debatte standen die Kernfragen, was ein Gespräch tatsächlich ausmacht, welche Voraussetzung für ein Gespräch notwendig sind und ob man tatsächlich mit allen über alles reden kann. Auch die Frage nach dem bleibenden Wert eines Gespräches stand im Raum: Stehen primär der Inhalt und das Ziel eines Gesprächs im Vordergrund oder ist im diskursethischen Sinne der Weg das Ziel? Auch sollten einige ethische Dilemmata adressiert werden, und zwar mit Fokus auf das Clubleben des Lions Clubs Baden-Heitersberg. Trotz oder möglicherweise gerade wegen des mit Christoph geführten Vorgesprächs und meiner entsprechenden Vorbereitungsnotizen sollte das Gespräch schliesslich anders verlaufen, als ich gedacht hatte.

Pascal Koradi *Wir haben uns im Jahr 2015 kennengelernt, an einem Anlass, der vom Verleger Peter Wanner alljährlich organisiert wird. Vertreter aus Wirtschaft und Politik treffen sich anfangs Dezember zum «Aser»-Fest in einer Waldhütte bei Baden. Wir haben dort miteinander gesprochen. Nun meine Frage: Führt man an einem solchen Anlass echte Gespräche? Als regelmässiger Teilnehmer hast du hierzu sicher deine Erfahrungen gemacht.*

Christoph Weber-Berg Das kommt ganz auf die Situation an, die typische Antwort eines Ethikers. Mit dieser gewinne ich natürlich auch noch etwas Zeit, um nachzudenken. Was ist meine persönliche Motivation, einen solchen Anlass zu besuchen? Erstaunlicherweise wird er von einer Privatperson organisiert und der ganze Aargau nimmt daran teil, Vertreter aus Wirtschaft, Politik und Verwaltung und auch ich als Repräsentant der reformierten Kirche. Aufgrund der Einladung fühle ich mich verpflichtet, am Anlass teilzunehmen. Mit einigen Personen führe ich Smalltalk, mit anderen kommt ein Gespräch zustande, das nachhaltig wirkt, wie es in unserem Fall gewesen ist.

PK *Wie unterscheidest du Smalltalk von einem echten Gespräch?*

CW Bei einem echten Gespräch geschehen Dinge auf verschiedenen Ebenen. Der Inhalt ist stimmig, aber auch die Beziehungsebene passt. Es kann durchaus vorkommen, dass eine Person ein spannendes Thema aufbringt und mir dennoch die Lust zur Diskussion fehlt. Auch die Begegnung auf Augenhöhe ist aus meiner Sicht zentral, nicht dass der eine Gesprächspartner doziert und der andere als Lernender eine unterwürfige Stellung einnimmt.

PK *Nun ist aber das Dozieren dein Thema. Im Vorgespräch haben wir uns über die Definitionen der Philosophie im Sinne von Aristoteles unterhalten. Gespräche auf der Ebene der Logik, der Ethik oder im heutigen Sinne der empirischen Wissenschaften sind einfacher zu führen. Sobald wir uns aber auf der metaphysischen Ebene bewegen, wird es äusserst anspruchsvoll. Dabei geht es um Überzeugungen und absolute Glaubenssätze. Kann man als Theologe oder eben als Person, die sich mit fundamentalen Fragen des Seins beschäftigt, trotzdem überhaupt gesprächsoffen sein?*

CW Auf jeden Fall. Menschen, die sich Metaphysiker nennen und nicht gesprächsoffen sind, sondern sich im Besitz der Wahrheit fühlen, haben aus meiner Sicht nicht verstanden, was eine metaphysische Wahrheit ausmacht. Eine metaphysische Wahrheit – als Beispiel ziehe ich einen religiösen Kontext hinzu – kann zum Beispiel sein, dass eine Person ihre Genesung von einer schweren Krankheit auf die Hilfe Gottes zurückführt. Ein Agnostiker oder Atheist teilt diese Ansicht nicht. Falls der religiös motivierte Genesene und der Atheist hierzu eine Diskussion führen, ist sie nur auf der metaphysischen Ebene möglich. Es geht um Glaubenssätze. Es gibt keine Möglichkeiten der logischen oder empirischen Beweisführung. Eine metaphysische Wahrheit basiert auf einer individuellen oder gemeinschaftlichen Deutung eines Ereignisses. Mit diesem Erklärungsansatz setzt man sich natürlich der Gefahr aus, als Relativist angesehen zu werden. Oft wird die Ansicht vertreten, dass es bei der Religion um absolute Wahrheiten gehe. Das sehe ich aber differenzierter. Metaphysische Wahrheiten müssen gesprächsoffen sein – sie basieren auf einem Konsens über Bedeutungen.

PK *Nun bleibt der Kirchenvertreter trotzdem stets bei seinem Standpunkt. Seit 500 Jahren führen die Katholiken und Reformierten den ökumenischen Dialog. Trotzdem sind die fundamentalen Differenzen immer noch nicht überwunden.*

CW Das ist richtig, ja. Akzeptieren, dass der andere auch recht haben könnte oder, anders formuliert, in der Auffassung des anderen auch ein Funken Wahrheit liegt, bedeutet in keiner Weise, dass man seine eigene Position aufgibt. Konfessionelle Religiosität hat viel mit Kultur und Sozialisierung zu tun. Ich bin in der reformierten Kirche sozialisiert worden, habe Theologie studiert und darf dort eine Führungsrolle einnehmen. Wäre ich in einem katholischen Umfeld grossgeworden, wäre ich nicht Präsident der reformierten Landeskirche. Ich muss demzufolge in meiner Einschätzung bescheiden bleiben. Ich bin nicht mit der absoluten Wahrheit ausgestattet, während der Katholik vermeintlich völlig falsch liegt, sondern wir sind unterschiedlich unterwegs. Vielmehr finde ich die Diskussion und die gemeinsame Debatte spannend. Sie wird im wahren Sinne des Wortes auch ein wenig heftiger geführt. Das bedeutet jedoch nicht, dass ich meine Überzeugungen im Diskurs einfach aufgebe.

PK *Du hast in deinen Ausführungen auf die Aussage von Hans-Georg Gadamer Bezug genommen, der den Standpunkt vertritt, dass Grundvoraussetzung eines jeden Gesprächs das Verständnis sei, dass der andere recht haben könnte. Kommt es dennoch zu Situationen, in denen dein Gegenüber eine Haltung vertritt, die ein Gespräch aus deiner Sicht verunmöglicht?*

CW Ja, das gibt es leider, dass auch ich zum Schluss komme, dass es keinen Sinn ergibt, das Gespräch weiterzuführen. Das ist der Fall, wenn man ins Toleranzparadox fällt. Ich bezeichne mich als toleranten Menschen, insbesondere auch mit Bezug auf metaphysische Wahrheiten. Sie müssen nicht per se komplex sein.

DIE AUSSAGE «DU BIST SCHULD» IST EINE DEUTENDE AUSSAGE. IN SOLCHEN KANN MAN SICH VERIRREN.

Als toleranter Mensch kann ich andere Haltungen und Deutungen akzeptieren. Ich kann festhalten, dass wir zu einem Thema unterschiedliche Auffassungen vertreten, und finde es gleichwohl spannend, das Gespräch fortzusetzen. Wenn jedoch eine intolerante Person von mir erwartet, dass ich ihre Position toleriere, bekunde ich Mühe und komme zum Schluss, dass es keinen Wert hat, die Diskussion fortzusetzen.

PK *Ich möchte nochmals auf das Thema Smalltalk zurückkommen. Nicht immer kann man sich seine Gesprächspartner aussuchen. Durch die einem zugewiesene Aufgabe ist man manchmal gezwungen, sich mit einer Person zu unterhalten. Kann hier Smalltalk, der ja das Umschiffen jeglicher Themen von Relevanz beinhaltet, Abhilfe schaffen? Auch stellt sich mir die Frage, ob es legitim ist, dem Gesprächspartner die eigentliche Begründung vorzuenthalten. Ein gutes Beispiel ist hierzu, eine Terminabsage mit der Angabe, dass man hierzu keine Zeit habe. Das ist ja eigentlich kreuzfalsch. Alle haben gleichviel Zeit, nur setzen nicht alle die Prioritäten gleich. So etwas bezeichne ich auch als Smalltalk-Antwort. Eine Nicht-Smalltalk-Antwort würde lauten, andere Personen oder Veranstaltungen hätten für mich eine höhere Priorität. Wie beurteilst du das ethisch? Handelt es sich hier um eine Lüge oder ist dieses Verhalten im Sinne des Smalltalks legitim? Ist es allenfalls sogar angezeigt, sich entsprechend zurückhaltend zu äussern, statt mit der Wahrheit zu brüskieren?*

CW Du hast das Thema Smalltalk gestartet und diesen als Ausweichen vor dem eigentlichen Kern der Sache beschrieben. Es kann aber auch ein Einkreisen sein, ein Sondieren der Stimmung. Man prüft damit, ob auch weitere Themen angesprochen werden können. Wenn ich das erste oder das zweite Mal in einem Club zu Gast sein darf, gehe ich nicht auf einzelne Mitglieder zu und thematisiere Tiefschürfendes. Andererseits fragt es sich, ob es in gewissen Situationen erlaubt ist, zu schummeln oder sich mit einer Lüge zu behelfen.

Angenommen ich hätte heute einen miserablen Tag und würde jemanden treffen, den ich seit geraumer Zeit nicht mehr gesehen habe und nur flüchtig kenne, und diese Person würde mich fragen, wie es mir geht. In dieser Situation würde ich mich doch niemals zu meinem wahren Befinden äussern; das tue ich einzig bei einem guten Freund. Eher würde ich sagen, dass es mir gut gehe, und mich nach dem Befinden des anderen erkundigen. Und auch der andere würde mich möglicherweise anlügen. Das stellt aus meiner Sicht moralisch überhaupt kein Problem dar. Auch wenn ich weiss, dass ein «Rosa-Elefant» auf dem Tisch steht, der uns beide belastet, bedeutet das nicht immer, dass die Situation gerade im Hier und Jetzt ausdiskutiert werden muss. Demzufolge haben der Smalltalk oder eine ausweichende Antwort aus ethischen Gesichtspunkten ihre Berechtigung. Aber es bedarf einer individuellen Beurteilung, wo die Grenzen überschritten werden, wo das Ganze unanständig wird.

Frage aus dem Publikum Wie gehst du mit Situationen um, in denen Personen mit der Tür ins Haus fallen und dich mit ihren Fragen und Antworten brüskieren?

CW Ich kann hierzu kein Rezept liefern. Häufig diskutiere ich solche Fragen mit meiner Frau. Im Scherz sagt sie manchmal, dass ihr offenbar «Erzähl mir dein Leben» auf die Stirn tätowiert sei. Sie geht gerne auf die Leute zu und ist eine gute Zuhörerin. Oft erlebe ich das mit. Es scheint, dass viele Menschen sehr schnell bereit sind, ihr sehr viel Persönliches anzuvertrauen. Im Vergleich kann ich scheinbar nonverbal besser signalisieren, dass mich ein Thema nicht sonderlich interessiert. Nicht alle Menschen merken das gleich; aber ich versuche mir mit meiner nonverbalen Haltung zu helfen. Die Rezepte anderer kenne ich nicht.

PK Ich möchte auf das Thema Präsenz an Anlässen eines Vereins am Beispiel unseres Lions Clubs eingehen. Dabei geht es ja auch um unausgesprochene gegenseitige Erwartungen. Ethik wird von Margrit Osterloh in Kurzform als Normen im Sinne von Sollaussagen definiert. In unseren Vereinsstatuten wird eine Präsenz an 60% der Meetings festgehalten, was jedoch sehr unterschiedlich praktiziert wird. Aus ethischer Sicht sollte ein solche Norm den Prinzipien der Gerechtigkeit, der Autonomie, des Nutzens und der Unschädlichkeit genügen. Auch sind damit möglicherweise indirekte Erwartungen an den Vorsitzenden bzw. den Vorstand des Vereins verbunden, fehlbare Mitglieder auf ihr Verhalten aufmerksam zu machen oder sogar zu sanktionieren. Du hast hierzu in deiner eigenen Lions-Geschichte ebenfalls Erfahrungen gesammelt. Welche Haltung vertrittst du hierzu?

CW   Ja, ich kann dazu meine eigene Geschichte erzählen. Ich war langjähriges Mitglied des Lions Clubs Lenzburg und konnte nicht die Präsenz einhalten, die der damalige Vorstand erwartete. Die jeweiligen Mittwochabende waren bei mir damals anders belegt. Ich sage nun explizit nicht, dass ich keine Zeit gehabt hätte. Meine Präferenzen haben sich vielmehr nach meinem Beruf gerichtet. Mir scheint, dass man hierbei ja nicht immer frei wählen kann.

PK   *Hast du damit möglicherweise deinen damaligen Lions-Kollegen nicht auch mitgeteilt, dass dir deine beruflichen Verpflichtungen wichtiger sind als ihre eigenen Verpflichtungen?*

CW   Ich kenne die Motive der damaligen Entscheidungsträger nicht. Möglicherweise schwingen solche Gründe mit. Es liegt nicht an mir zu urteilen. Es zeigt mir jedoch, dass es diesbezüglich keinen absolut richtigen Umgang gibt. Der Verein kann an den Vorstand die Macht delegiert haben, Normen vorzugeben oder eine bestimmte Auslegung der Statuten umzusetzen. So kann ein Vorstand zum Schluss kommen, in deren Sinne eine Entscheidung zu treffen, die ich als Mitglied zu akzeptieren habe. In diesen Punkten verstehe ich mich als Diskurs-Ethiker und nicht als moralisch eingefärbten Prediger. Das gilt es auszuhandeln und es ist auch zu akzeptieren, dass sich die Meinung hierzu mit der Zeit ändert.

Frage aus dem Publikum   Ist das nicht auch ein gesellschaftliches Phänomen? Auch bei den Kirchen ist die Teilnahme zum Beispiel an den Gottesdiensten rückläufig. Auch hierin besteht doch eine Verpflichtung. Was unternimmt die Landeskirche diese Entwicklung betreffend?

CW   Es gibt hierzu natürlich verschiedene Perspektiven. Wer sagt denn überhaupt, dass es eine moralische oder ethische Verpflichtung gebe, an Anlässen der Kirche teilzunehmen? Man denkt zwar oft reflexartig an die Teilnahme an Gottesdiensten. Als Theologen und Pfarrer sind wir nach wenigen Sätzen mit der Aussage konfrontiert, dass man eben kein regelmässiger Kirchgänger sei. Darauf antworte ich meistens mit «Ja, und?». Mich freut in erster Linie, dass jemand überhaupt noch Mitglied der Kirche ist. Wie viele Mitglieder einer Organisation wie Greenpeace haben tatsächlich in einer Aktion einen Kühlturm bestiegen, wer hat an einem Bahnhof Flyer verteilt oder ist auf einem Gummiboot auf hoher See im Einsatz gewesen? Man kann doch Mitglied sein, eine Idee mittragen, ohne stets teilzunehmen. Für mich ist ein Kirchenmitglied, das nicht am Gottesdienst teilnimmt oder sich nicht in der Kirchenpflege engagiert, in keiner Weise ein schlechtes Mitglied.

Frage aus dem Publikum Wäre demnach der Kirchenaustritt nicht die konsequentere Haltung?

CW Was bedeutet Konsequenz wirklich? Politische Aussagen von Vertretern der Kirche führen beispielsweise stets und unmittelbar mess- und spürbar zu einer Zunahme von Austritten aus der Kirche. Das ist ein gesellschaftliches Phänomen. Sobald ich mit einer Aussage, einer expliziten Haltung nicht mehr einverstanden bin, wähle ich den Austritt. Dabei werden andere Themen, welche die Kirche vertritt, schlicht ausgeblendet. Dieses Phänomen betrifft jedoch nicht nur die Kirchen. Auch die politischen Parteien sind damit konfrontiert. Wir sind derzeit mit einem Reformvorhaben in unserer Organisation beschäftigt. Dabei geht es um die Kirche als öffentlich-rechtliche Institution. Wir werden in diesem Prozess von einem Methoden-Coach begleitet, der uns auf «Lernreisen» schickt. An einem solchen Anlass konnte ich mich mit Matthias Jauslin von der FDP Aargau austauschen. Als ich ihm zuhörte, wie er die Situation in seiner Partei schilderte, dachte ich stets, er würde von Problemen der Kirche berichten, zum Beispiel von Fragen um Austritte bei abweichenden Meinungen. Ausbleibende Partizipation der jungen Generation oder deren zunehmend konservative Einstellung sind allgemeine Trends, die sich nicht nur in der Organisation der Kirche finden. Nicht alles ist in einem «falschen» Vorgehen der eigenen Organisation begründet. Oft sind auch Veränderungen der Gesellschaft ausschlaggebend.

PK *Was würdest du nun uns als Lions Club vorschlagen, wenn wir das Problem der Präsenz an den Veranstaltungen konkret thematisieren?*

CW Hier spreche ich als Diskurs-Ethiker. Das gilt es auszuhandeln und es ist auch die Frage zu klären, ob sich der Schwellwert einer Teilnahmequote von 60 Prozent immer noch rechtfertigt. Ist die Erwartung zu hoch oder zu tief? Ist ein Verfahren zu definieren, wie mit fehlbaren Mitgliedern umgegangen wird? Wer soll das in welcher Rolle führen? Diese Fragen werden wohl nicht immer im Konsens beantwortet. Schliesslich werden wohl auch Mehrheitsentscheidungen gefällt werden müssen, welche die unterliegende Minderheit zu akzeptieren hat.

PK *Ist Absenz nicht eher ein Symptom eines tieferliegenden Problems? Warum stört jemanden überhaupt die Abwesenheit eines Vereinsmitglieds? Aus meiner Sicht hat ein Mitglied, welches das als störend erachtet, auch die Aufgabe, sich hierzu mitzuteilen. Was wird wahrgenommen und welche Gefühle sind damit verbunden? Danach gilt es auch ein konkretes Bedürfnis festzuhalten und eine Bitte zu formulieren. Wenn ich das unterlasse und jemanden direkt mit dem Vorwurf der ungenügenden Teilnahme konfrontiere, ist das von mir aus eine verkürzte Sicht. Das Aushandeln einer Präsenzquote ohne eine Diskussion über das Wesen der Mitgliedschaft und die gegenseitigen Erwartungen sehe ich als nicht zielführend an.*

Einwurf aus dem Publikum Die Bedeutung der Mitgliedschaft ist in unserem Verein festgelegt. Wir haben Statuten, unser Grundlagendokument zu unserem Club, das als Gesellschaftsvertrag die Erwartungen und Ansprüche regelt. Hierzu gilt es einen Konsens zu erzielen.

Und dazu ist die Fähigkeit, ein echtes Gespräch zu führen, unabdingbar. Du hast vorher bei meinem Beispiel die Auffassung in den Raum gestellt, dass jemand die Ansicht vertreten könnte, dass meine beruflichen Verpflichtungen wichtiger seien als die meiner Kollegen. Oder anders ausgedrückt, dass meine berufliche Aufgabe wichtiger sei als die der anderen. Das ist wohl kein guter Gesprächseinstieg. Hier handelt es sich vielmehr um eine sogar übelwollende Unterstellung. Der Angegangene fühlt sich dabei nicht auf Augenhöhe angesprochen. Im Sinne der Diskursethik sind so die Voraussetzungen für ein Gespräch nicht eingehalten. Aber das Thema ist so wie in deiner Frage formuliert anzugehen.

ZUERST GILT ES EINE FESTSTELLUNG OHNE VORWURF ZU FORMULIEREN, UND ZWAR MIT DEM ZIEL, DAS GEGENÜBER ZU VERSTEHEN.

Frage aus dem Publikum Ist das nicht viel einfacher abzuhandeln? Es ist schliesslich ein gesellschaftliches Phänomen und somit kann man auch als Club nichts dagegen unternehmen.

CW Auch wenn dem so sein sollte, meine ich, dass im Club über die Präsenzquote verhandelt werden soll. Möglicherweise wird man sich für eine tiefere Quote entscheiden. Sie sollte jedoch verbindlich festgehalten werden. Ihr seid ein Club und nicht etwa eine öffentlich-rechtliche Anstalt.

Einwurf aus dem Publikum Dennoch bleibt der gesellschaftliche Trend zur Unverbindlichkeit. Möglicherweise haben auch Ereignisse der jüngeren Vergangenheit – wie die Erfahrungen mit der Pandemie – diesen Trend verstärkt.

Einwurf aus dem Publikum Das ist aus meiner Sicht nicht ganz korrekt dargestellt. Während meiner Präsidentschaft, in der ich mich mit der Gestaltung des Programms zu beschäftigen hatte, gab ich einzig die Programmdaten vorzeitig bekannt. Erst jeweils eine Woche vorher habe ich den jeweiligen Inhalt des Programms kommuniziert. Das ist gut angekommen und ich habe mich an einer hohen Präsenz erfreut. Nun hat sich meine Lebenssituation verändert. Ich bin Vater geworden und ich darf auch noch weitere Verpflichtungen wahrnehmen. Aus meiner Sicht ist das nicht so einfach. Die Anzahl der Events ist historisch bedingt. Der Club muss sich gegenüber den sich verändernden Voraussetzungen für die Mitglieder flexibel entwickeln. Vor vierzig Jahren konnte man als Mann noch über den Feierabend verfügen – ich entschuldige mich für diese pauschale Unterstellung. Aber man war wohl noch freier in der persönlichen Zeiteinteilung. Auf jeden Fall stammt dieses Regime aus einer vergangenen Zeit. Wir sind ein vergleichsweise junger Verein und es gilt, ihn an den Bedürfnissen der Mitglieder auszurichten. Wir müssen über die Taktung der Jahres- und Wochenagenda sprechen. Es ist mir wichtig, dass man über diese Rahmenbedingungen spricht.

CW Ein ganz wichtiger Hinweis. Meine zuvor genannten Punkte betrafen den Weg zur Konsensfindung. Und ja, es gilt auch zu prüfen, wie man sich den sich verändernden Bedürfnissen anpasst. Auch in der Kirche stellen wir uns die Frage, wie wir unser Angebot ausgestalten. Der Sonntagmorgen, an dem man dem Kirchengeläut folgend den Gottesdienst besucht, hat an Attraktivität verloren. Das ist unbedingt ein Diskussionspunkt. Es gilt zu prüfen, wo die Vereinsmitglieder im Leben stehen und wie man das Angebot diesen sich verändernden Bedürfnissen anpasst.

Einwurf aus dem Publikum Ich bin mit dem Gesagten vollständig einverstanden. Es gilt jedoch zu beachten, dass wir ein Verein auf Freiwilligenbasis sind. Wollen wir im Sinne unseres Leitmotivs Dinge bewirken, ist damit die Bedingung verknüpft, dass wir präsent sind und am Vereinsleben partizipieren.

CW Das stimmt. Aber möglicherweise wäre die Partizipation bei einem angepassten Angebot höher.

Einwurf aus dem Publikum Ich denke nicht, dass dies das Hauptthema ist.

Einwurf aus dem Publikum Das ist deine Sicht. Aus meiner Sicht muss diese Diskussion geführt werden, und zwar nicht nur über die Gestaltung der Woche, sondern auch über die Häufigkeit und Periodizität der Meetings.

Einwurf aus dem Publikum Als Vertreter der älteren Generation fühle ich mich von den vorgehenden Äusserungen ein wenig angegriffen. Es ist nicht korrekt – und darin ist gerade das gesellschaftliche Problem begründet –, dass vor 40 Jahren mehr Freizeit für das Clubleben zur Verfügung gestanden hat. Wir waren genauso oder sogar noch mehr mit Beruf, Vereinsaufgaben und Politik beschäftigt. Ich war eigentlich gar nie zu Hause, von Montagmorgen bis Freitagabend ausser Haus, bis meine Frau das eines Tages ultimativ beklagte. Es stimmt einfach nicht, dass wir früher mehr Zeit zur Verfügung gehabt hätten. Ich glaube einfach, dass die heutige Generation möglichst überall dabei sein will und nur dort tatsächlich partizipiert, wo es einem am besten passt. Ja, es wurde gesagt, dass jeder diesem Club freiwillig beitritt und angehört und dabei auch weiss, dass auch Verpflichtungen eingegangen werden. Selbstverständlich ändern sich die Möglichkeiten aufgrund der beruflichen und familiären Verpflichtungen im Laufe der Zeit. Es gilt es zu prüfen, welche Präferenzen gelten sollen. Wir sollten uns nicht darauf fokussieren, dass die Ausgangslage heute anders ist als vor 40 Jahren.
Ich stelle fest, dass wir nun bereits eine Lösung festhalten möchten. Mit diesem Gespräch und der Initiierung der gesamten Gesprächsreihe habe ich aber vielmehr das Gespräch per se im Fokus. Wir sind durch Beruf und Militär geschult, nach kurzer Analyse eine Lösung anzukündigen. Das führt oft zum Ergebnis, nach dem eine vermeintlich effiziente Vorgehensweise darin mündet, dass nur 20% der Teilnehmenden sie als Lösung auch anerkennen. Das kann und wird in einem Club nicht funktionieren. Ein Vorstand, der in den Statuten des Vereins Normen festhält, vergisst oft die normative Kraft des Faktischen selbst. Wenn die Nichteinhaltung der 60-Prozent-Regel geduldet wird, existiert diese de facto nicht. Mich interessiert mehr, wie wir uns in dieser Frage finden können. Das Gespräch darüber als solches hat das Ziel, dass Argumente auf den Tisch kommen, bevor eine vermeintlich passende Massnahme getroffen wird.

Einwurf aus dem Publikum Das finde ich sehr gut. Aber es gibt doch auch eine Zwischenposition. Ich selbst habe die 60-Prozent-Teilnahmequote wohl stets weit übertroffen, komme immer und freue mich, meine Kollegen zu treffen. Ich habe die Präsenzquoten während meiner Präsidentschaft mit denen der Vorjahre verglichen. Auch sie sind erfreulich gewesen. Ich sehe mich nicht als Naivling, aber ich gehe vom Guten im Menschen aus. Mir reicht es, wenn wir dazu im Gespräch bleiben. Jeder steht an einem anderen Ort und hat andere Bedingungen und Möglichkeiten. Aus meiner Sicht waren wir noch nie mit einer katastrophalen Präsenz konfrontiert. Ja, manchmal bedaure ich es, wenn ich gewisse Kollegen für längere Zeit nicht mehr sehe, und ich frage mich, ob es ihnen gut geht. Vielleicht sollten wir auch darüber sprechen, warum wir überhaupt an den Aktivitäten dieses Vereins teilnehmen. Ich für meine Person freue mich in erster Linie, meine Lions-Freunde zu treffen. Problematisch wird es erst, wenn wir für ein konkretes Vorhaben auf eine gewisse Mindestteilnahme angewiesen sind. Bei einem Konsumationsanlass ist das jedoch regelmässig nicht der Fall.

Einwurf aus dem Publikum Ich möchte hierzu ein Beispiel nennen. In meiner aktiven Sportlerzeit haben wir einen Trainer gehabt, der nach einem siegreichen Spiel gegen eine Mannschaft aus Tschechien uns Folgendes mitgegeben hat: Er sei total unzufrieden, wir hätten viel mehr erreichen, nicht nur 5:4 gewinnen, sondern mit einem Score von 7:0 obsiegen können. Das nächste Spiel verloren wir zwar, aber unser Trainer war total zufrieden, weil er konstatieren konnte, dass wir unsere bestmögliche Leistung abgerufen hatten. Unser Gegner war schlicht besser. Daraus leite ich mein Verständnis ab: Falls jemand kommen kann, ist er intrinsisch motiviert und ich freue mich darüber. Falls jemand nicht kommt, gehe ich davon aus, dass meinem Kollegen die Teilnahme nicht möglich ist. Vielleicht verlangen die familiären Bedürfnisse die Präsenz meines Clubkollegen, vielleicht sind berufliche Verpflichtungen wie beispielsweise das Schreiben einer Offerte dringender. Und wenn er doch einmal erscheint, freue ich mich umso mehr, da ich denke, dass er das trotz widriger Umstände möglich gemacht hat. Doch jemand, der bereits pensioniert ist und wenige Verpflichtungen hat, sollte eigentlich nicht nur eine 60-Prozent-Präsenzquote erreichen, sondern vielmehr eine 100-prozentige Teilnahme anstreben. Natürlich braucht man eine Messlatte. Aber ich gehe davon aus, dass jeder, der teilnehmen kann, tatsächlich teilnimmt. Wer nicht teilnimmt, fehlt mir so ja auch nicht, denn ich fokussiere mich auf die Anwesenden.

Einwurf aus dem Publikum Mich begeistert die Sicht meiner beiden Vorredner. Nur bin ich der Meinung, dass wir uns in diesem Punkt nicht alle einig sind. Es gilt hierzu jedoch einen Konsens zu finden.

Einwurf aus dem Publikum Ich teile diese Einschätzung. Es gilt jedoch eine Abgrenzung zu vorzunehmen. Der Vereinszweck im Sinne unseres Leitmotivs beinhaltet «Gutes tun». Der Kern ist also nicht der erwähnte Konsumationsanlass, sondern unser soziales Engagement. Wir haben es gerade jüngst erlebt. Der vormalige Präsident hat mit dem damaligen Vorstand eine Aktivität angestossen, die eine Teilnahme der Clubmitglieder vorausonsetzt. In ihr sind ein halbes Dutzend Personen hoch engagiert, die sich mehrmals in der Woche treffen und als Organisationskomitee umfangreiche Arbeiten erledigen. Auch ich habe hieran schon einige Male mitarbeiten dürfen. Für die Umsetzung ist es notwendig, dass möglichst alle Mitglieder sich mit Listeneintrag zur Mitarbeit verpflichten. Aus meiner Sicht ist es bedauerlich, dass unser Präsident mit Erinnerungsschreiben und unter Androhung einer Absage des Anlasses die Teilnahme der Mitglieder betreffend mehrmals nachhaken muss, notabene bei einer Aktivität, die in unserem Verein mehrmals besprochen worden ist.

Einwurf aus dem Publikum Aus meiner Erfahrung zeichnet sich bei unseren Aktivitäten stets das gleiche Bild ab. Oft ist der Weg zum Ziel unterwegs ein wenig holprig. Schliesslich hat es aber stets funktioniert und alle haben im Rahmen ihrer Möglichkeiten mitgewirkt. Ich denke, wir driften in dieser Diskussion über die Präsenz stets ein wenig ab. Ich war an Meetings mit sehr guter und sehr schlechter Präsenz zugegen. Die Präsenz hat dabei nie gross mit der von mir wahrgenommenen Qualität korreliert. Ich möchte den Fokus eher auf den Inhalt und nicht auf die Präsenzquote legen.

Einwurf aus dem Publikum Diese Meinung teile ich. Eine Festlegung einer allenfalls angepassten Präsenzquote ist nicht das relevante Thema. Vielmehr beschäftigt mich, dass wir uns als Club vermeintlich auf eine Aktivität verständigen, aber in deren Umsetzung schlicht und einfach Schwierigkeiten haben, genügend Ressourcen zu mobilisieren.

Einwurf aus dem Publikum Gerne möchte ich eine externe Sicht als Leo-Mitglied [eigenständige Jugendorganisation der Lions Clubs] einbringen. Aus meiner Sicht ist die Präsenzquote ein äusserst spannendes Gesprächsthema. Ich habe hierzu keinen Lösungsvorschlag, vielmehr schlicht einen Gedankeninput. Eine Präsenzquote über alle Meetings hinweg ist vielleicht nicht angebracht. Möglicherweise wäre es zielführender, die Quote auf die sozialen Aktivitäten zu beschränken, die unter das Leitmotiv «Gutes tun» fallen. Das würde zu einer verbindlicheren Sichtweise führen.

Ich möchte nochmals auf das angesprochene präsidiale Erinnerungsschreiben betreffend die Teilnahme an der erwähnten Aktivität eingehen. Ich habe mich nicht dazu gezwungen gefühlt. Zugleich habe ich dieses Schreiben sehr bewusst verfasst. Ich habe mir gut überlegt, ob allenfalls im Anmeldeprozess etwas schiefgelaufen ist. Ja, ich bin dabei um direkte Rückmeldungen sehr froh gewesen. Ich habe zuerst einmal geprüft, ob der Fehler allenfalls in meinem Vorgehen liegt. In den Einzelgesprächen, die ich und meine Kollegen mit denjenigen Kollegen geführt haben, die noch nicht geantwortet hatten, haben wir viel darüber erfahren, warum eben eine Teilnahme (noch) nicht möglich ist, obwohl wir als Club hierzu vermeintlich eine Entscheidung gefällt hatten. Mich stört in dieser Sache heute am meisten, dass wir eine solche Diskussion mit wenigen Ausnahmen nicht im Plenum führen können. Selbstverständlich gilt es die Rahmenbedingungen und auch, wie diskutiert, die gesellschaftlichen Trends hierzu zu beachten. Dennoch können wir im Kleinen, in unserem Club, gerade dazu mit einem optimierten Gespräch im Sinne der Diskursethik beitragen.

Einwurf aus dem Publikum Ich habe das eben ganz anders verstanden. Aus meiner Sicht wurde vom Vorstand eine Kalkulation präsentiert, welche die Erwartung des Vorstands reflektierte. Mir war schlicht nicht bewusst, dass damit auch eine Verpflichtung der einzelnen Clubmitglieder verbunden war. Das Ganze war nicht aus dem Club entwickelt worden, sondern von oben aufoktroyiert worden.

CW Und auch hier stellt sich die Frage, wo jemand in seinem Leben steht. Ich war bereits in jungen Jahren Mitglied des ortsansässigen Lions Clubs. Tatsächlich war ich in der Familienphase mit vielen Verpflichtungen – auch finanzieller Natur – konfrontiert. Ja, und auch damals war ich mit der Forderung konfrontiert, mich auch finanziell, beispielsweise mit dem Kauf von Tickets, an Vorhaben zu beteiligen. Das kann für ein Familienbudget durchaus eine Belastung sein. Als Angestellter hatte ich nicht die gleichen Möglichkeiten wie ein Unternehmer, der Tickets als Geschäftsausgabe verbuchen und seine Geschäftspartner einladen konnte. Ich hätte mich damals schlicht nicht getraut zu opponieren bzw.

zu äussern, dass ich mich dabei nicht gut gefühlt habe. Es lohnt sich aus meiner Sicht immer eine gute Gesprächskultur zu etablieren und gut hinzuhören.

PK *Aus eigener Erfahrung darf ich dir mitteilen, dass die finanziellen Möglichkeiten eines Unternehmers nicht per se höher einzustufen sind als diejenigen eines Angestellten.*
Lieber Christoph, wir danken dir für die Mitgestaltung dieser Diskussion, die einen aus meiner Sicht fulminanten Einstieg in unsere Gesprächsreihe geboten hat.

THEO HEIDELBERGER

Generalagent

Welche bleibenden Erinnerungen verbinden dich mit unserem Club?

Sponsor und Activities: Zum Beispiel Aufräumungsarbeiten an vier Wochenenden nach dem Brand im Mooshof Wettingen, Jugendlager in Churwalden und Scuol (inklusive der Eisenbahn-Anlage von Rolf Weinmann), ein Charity-Anlass im SUVA Center Bellikon zu Gunsten des Seilbahnprojektes (Nettogewinn CHF 87'000 an einem Tag erwirtschaftet!) sowie Golf Charity Veranstaltungen mit Werni Twerenbold und Heinz Niggemeier für die Ruanda-Projekte von Margrith Fuchs (zehn Mal durchgeführt, jedes Mal konnten CHF 25'000 nach Ruanda mitgenommen werden).

Freudentag für Zeka Aarau, dieser beinhaltete drei Möglichkeiten: einen Helikopterflug in Wohlen (ich war damals der Einweiser für den Heli), Schnellbootfahrten in Brugg und Rundflüge in Birr. Dieser Anlass konnte dank Geni Peterhans in dieser Form durchgeführt werden.

2-tägiges Krisenseminar in Risch: Geleitet von Andi Münch

13 Jahre als Zensor: Dauerbrenner: Menüpreise und Präsenz …

Was bedeutet dir persönlich die Mitgliedschaft?

Gutes tun! Kollegialität und Freundschaft pflegen. Ich vermisse unsere Meetings und die interessanten Gespräche, doch der Weg aus dem Piemont ist einfach etwas zu weit.

WAS BLEIBT NACH DEM EINGRIFF?

Lions-Meeting vom 16. August 2022: Gespräch mit Felix Bertram

Einordnung und roter Faden

Wir sind an einem heissen Sommertag zu Gast in der Welt von Felix Bertram gewesen. Er studierte Humanmedizin in Hamburg und promovierte 2001. Seine Ausbildung zum Facharzt in Dermatologie und Venerologie schloss er 2005 erfolgreich ab.

2007 hat er seinen beruflichen und privaten Fokus auf die Schweiz gelegt, ohne den Anspruch aufzugeben, auch über geografische und andere Grenzen hinaus zu wirken. 2022 erweiterte er seine im 2018 eröffnete Klinik in Lenzburg um ein Fine Dine Restaurant. Nicht jedem erschliesst sich die Kombination eines Gourmettempels mit dem Angebot von Spitzenmedizin in den Bereichen Dermatologie und plastische Chirurgie. Für Felix Bertram war es der fehlende Mosaikstein, um sich in «seiner Haut wohlzufühlen». Unser Gespräch führte uns durch die verschiedenen Etagen der Klinik und an die Tische der zahlreichen Gäste im Skins the Restaurant.

Pascal Koradi *Du stehst mit deinem Wirken als Person in der Öffentlichkeit. Jüngst konnte man über dich die Schlagzeile lesen: «Ein Norddeutscher in der Schweiz: Doktor Felix Bertram aus Möriken-Wildegg ist jetzt ‹Papierli-Schweizer›.»*

Felix Bertram Ja, es ist so. Für das Unternehmen Skinmed ist es wichtig, dass ich mich als Aushängeschild in der Öffentlichkeit präsentiere. Das schafft für die Menschen einen Bezug und damit Vertrauen. Das kann ich ja auch an meinem eigenen Verhalten beobachten.

Seit Roland Brack sich in den Medien häufiger in verschiedenen Formaten als Person exponiert, hat sich mein Bestellverhalten bei den E-Shop-Angeboten verändert. Aber ja, die Bezeichnung «Papierli-Schweizer» hat mich schon ein wenig verletzt.

PK *Wo ziehst du für dich die Grenzen bei deinem medialen Auftritt?*

FB Grundsätzlich möchte ich nicht, dass mein privates Beziehungsumfeld zum öffentlichen Thema wird. Hierzu äussere ich mich in den Medien nicht. Damit nehme ich auch ganz bewusst in Kauf, dass über meinen Beziehungsstatus Gerüchte entstehen. Damit kann und muss ich leben.

PK *Dein beruflicher Werdegang ist beeindruckend. In weniger als 10 Jahren hast du deine von dir übernommene dermatologische Praxis zur Klinikgruppe für plastische, ästhetische Chirurgie und Dermatologie mit Standorten in Aarau und Lenzburg weiterentwickelt. Heute ist Skinmed auch in Wohlen und Olten und bald auch in Zürich vertreten. Hast du das alles geplant oder folgst du primär deiner unternehmerischen Intuition?*

FB Wohl beides. Obwohl ich Arzt bin und bleibe, bin ich auch Unternehmer. Ich möchte meine Ziele verwirklichen und nehme dazu auch die sich mir bietenden Chancen wahr. Ich bin auch bereit, die dazu notwendigen Risiken zu tragen. Als selbständiger Unternehmer und Alleineigentümer meiner Unternehmensgruppe schöpfe ich meine Freiheiten auch aus. Dahinter steckt auch viel Arbeit und manchmal auch eine schlaflose Nacht.

PK *Wie schaffst du dir einen Ausgleich zu deiner beruflichen Tätigkeit?*

FB Die ehrliche Antwort ist wohl, dass ich einen sogenannten Ausgleich nicht benötige. Ich habe das Glück, das zu tun, was mich wirklich erfüllt. Bis tief in die Nacht beschäftige ich mich mit neuen Unternehmenskonzepten und beantworte noch Nachrichten. Selbstverständlich geniesse ich auch die Zeit mit meinem privaten Umfeld, betätige mich sportlich auf meinem Rad oder beschäftige mich mit meinen 13 Hunden. Auch meine gelegentlichen Ausflüge nach Hamburg oder Sylt tun mir gut.

PK *Was ist der Treiber für deine Tätigkeit?*

FB Nun, wie schon gesagt, dass ich Freude an meiner Aufgabe habe. Mir es wichtig, dass ich dabei den direkten Kontakt als Arzt zu den Patienten nicht verliere. Immer jeden Mittwoch habe ich Sprechstunde und operiere ich an unserem Standort in Aarau. Ich möchte mein Wissen im Bereich Dermatochirurgie weiterhin aktuell halten und nutzen. Weiter ist es meine Aufgabe als Unternehmer, unsere Aktivitäten weiterzuentwickeln. Die Skinmed-Gruppe hat mit der einzigartigen Kombination von Angeboten in Kosmetik, Haartransplantation und Dermatologie viel anzubieten.

PK *Warum im Aargau?*

FB Mir gefällt es hier. Ich fühle mich in einem ländlichen Umfeld sehr wohl, auch wenn ich das städtische Leben schätze. Für mein Unternehmen ist der Aargau ideal. Unsere Standorte sind aus allen Wirtschaftsstandorten der Schweiz gut erreichbar. Dennoch wird es zunehmend schwierig, Ärzte für Standorte in peripheren Orten zu rekrutieren. Das ist ein Grund, den Fokus künftig auf ein städtisches Umfeld zu legen.

PK *Und nun engagierst du dich auch als Gastronom …*

FB Ja, und das voller Leidenschaft. Das Restaurant gibt uns die Möglichkeit, unser Schaffen für die Öffentlichkeit greifbarer zu präsentieren. Die Crew um unseren Küchenchef Kevin Romes erbringt in einer spitalgleichen Küche mit medizinisch anmutendem Gerät Spitzenleistungen für das Wohlbefinden unserer Gäste. Auch darin streben wir nach höchstmöglicher Anerkennung unserer Leistung. Wir sind mit 15 Gault Millau Punkten gestartet und werden noch weitere Stufen erklimmen. Ich habe dabei jedoch auch die Steigerung der Arbeitgeberattraktivität im Fokus. Über Mittag bietet das Restaurant den Mitarbeitenden ein Menu auf höchstem Qualitätsniveau zu einem subventionierten Preis an. Damit schaffen wir ein ideales Gefäss für die Weiterentwicklung unserer Unternehmenskultur.

PK *Wie funktioniert das ideale Zusammenspiel aus Kosmetikangebot, Dermatologie und plastischer Chirurgie? Was macht die «Secret sauce» in deiner Leistungspalette aus?*

FB Die Idee von Skinmed ist, dem Patienten ein holistisches Angebot zu offerieren. Wir wollen ihn auf seiner ganzen Reise begleiten können. Das beginnt Mitte zwanzig beispielsweise mit der Pflege der Haut, indem man regelmässig Sonnencreme appliziert. Mitte dreissig ist man möglicherweise mit Hautproblemen konfrontiert, bei denen der Dermatologe oder auch ein Lasereingriff Abhilfe schaffen kann. Gegen vierzig sind oft erste «Soft aesthetics»-Applikationen gefragt, wo mit Botox und Filler bis hin zur OP gute Resultate erreicht werden. Das Problem dabei ist, dass viele Anbieter davon nicht alles beherrschen. Beispielsweise Dermatologen, die mit Botox und Filler arbeiten und, was unter wirtschaftlichen Gesichtspunkten durchaus nachvollziehbar ist, diese Instrumente bis zum Exzess ausreizen, obwohl der Patient bereits viel früher hätte weitervermittelt werden müssen. Optimal ist es, wenn alle Anbieter ihr Ego hintanstellen. Das Beste für den Patienten wird erreicht, wenn alle interagieren. Das ist das Ziel und die Idee von Skinmed. Es klappt mal besser, mal weniger gut. Wir versuchen dafür das gesamte Skinmed-Universum zu nutzen. Dennoch überweisen wir den Patienten weiter, sobald auch wir an unsere Grenzen stossen. Oft ist es auch eine Kombination von allem.

PK *In der Öffentlichkeit herrscht ein Bild vor – zumindest ich nehme das so wahr –, dass innerhalb der plastischen Chirurgie der ästhetischen Chirurgie oft die Rolle der «unerwünschten Tochter» zukommt. Dabei gehe es in erster Linie um oberflächliche Bereiche. Die Eingriffe würden nicht aufgrund einer medizinischen Notwendigkeit erfolgen, ganz im Gegenteil zur eigentlichen plastischen, wiederherstellenden Chirurgie, mit der Menschen nach einem Unfall oder nach einer schweren Krankheit geholfen wird. Ist das aus deiner Sicht eine gerechtfertigte Unterscheidung? Oder anders gefragt: Was hältst du dieser Ansicht entgegen?*

FB Bei der so gearteten Darstellung der plastischen Chirurgie müssen zwei Aspekte beachtet werden. Aus meiner Sicht ist das Attribut «hässliche Tochter» nicht korrekt. Bei einer historischen Betrachtung stellt man fest, dass schon im Jahr 3000 v. Chr. sich die Frauen bereits die Lippen gefärbt haben. Im Jahr 1000 v. Chr. gab es in Indien bereits Nasenplastiken. Wir duschen uns jeden Morgen, rasieren uns täglich und gehen regelmässig zum Friseur.

WIR ARBEITEN JEDEN TAG DARAN, UNSER AUSSEHEN ZU VERBESSERN. WORIN SOLLTE DER GRUND LIEGEN, DAS EVENTUELL NICHT AUCH OPERATIV ZU TUN, IM WISSEN, DASS DAS DAMIT VERBUNDENE RISIKO SEHR TIEF IST?

Es ist bei der ästhetischen plastischen Chirurgie deshalb extrem gering, weil wir nur gesunde Menschen operieren. Die Möglichkeiten der Narkose und der Behandlungsformen sind zudem heute so weit fortgeschritten, dass das Risiko von unerwünschten Nebenerscheinungen äusserst tief ist. Man sollte akzeptieren, dass jeder Mensch bestrebt ist, gut auszusehen. Das ist auch ein Beziehungsthema. Wir wollen gut ankommen beim anderen, wir wollen sehr gut wahrgenommen werden und deshalb optimieren wir unser Aussehen. Das Problem in der plastischen Chirurgie ist, dass es – dieses Riskio habe ich vorher nicht erwähnt – verpfuschte Fälle, tatsächlich Pfuscher in der Branche gibt und so jenes Risiko doch vorhanden ist. Das Problem ist der sogenannte «Availability Bias»: Wir nehmen die verpfuschten Fälle wahr und greifen darauf auf unsere Narrative zurück. Die aufgespritzten Lippen, die verpfuschten Face-Lifts, die völlig unnatürlich aussehenden reichen Witwen bestimmen dieses Bild. Wir verkennen dabei jedoch, dass es sich dabei um eine kleine Minorität handelt und eigentlich bei mutmasslich 70 Prozent aller Menschen, denen wir täglich begegnen, in irgendeiner Form ein Eingriff durchgeführt worden ist. Es sind oft Kleinigkeiten. Auch ich selbst habe das schon an mir praktiziert. Im besten Fall sieht man das einfach nicht, zumindest nicht bewusst.

PK *Vertrittst du die Meinung, dass von einer plastischen Operation auch der Charakter oder gar das Wesen eines Menschen betroffen ist, wenn du an von dir durchgeführte oder von deinen Kollegen verantwortete Eingriffe denkst? Was bleibt, hat der ästhetische Eingriff darauf einen Einfluss?*

FB Das ist eine sehr spannende Frage. Ich beziehe die Frage mal direkt auf mich selbst. Ich habe bei mir eine Fettabsaugung durchführen lassen, eine Haartransplantation gemacht, an mir eine Nasenoperation vollziehen lassen. Auch die Oberlider habe ich straffen lassen und ein wenig Botox appliziert. Dabei handelt es sich jedoch um Geringfügigkeiten, die für mich nicht von grösserer Relevanz sind. Als Kind habe ich stets unter sogenannten Love handles, also seitlichem Hüftspeck gelitten. Das ging so weit, dass ich mit 15 oder 16 Jahren bei einer Verabredung seitwärts ging und stets darauf achtete, dass das Mädchen mich nie von hinten betrachten konnte. Das hätte wahrscheinlich niemand anderer gemacht. Es war wohl nur ein eingebildetes Problem Seit ich jedoch diesen Hüftspeck hatte entfernen lassen, stieg mein Selbstwertgefühl sehr stark. Das hat mir so gut getan. Seit diesem Zeitpunkt gehe ich problemlos vorneweg. Ich möchte diese Frage aber noch weiterführend beantworten. Auch bei den Haaren hat mir der Eingriff sehr geholfen. Ich habe die Geheimratsecken nicht gemocht. Beim Naseneingriff bin ich nicht sicher, ob ich den heute nochmals durchführen lassen würde. Ich fand meine Nase zwar eigenartig, aber irgendwie habe ich sie auch gemocht. Ich würde den Eingriff aus heutiger Sicht wohl eher lassen.

Wir begegneten einst jemandem, der sich intensiv mit dem Thema Physiognomie und Charakter beschäftigte. Er beeindruckte mich sehr. Er machte aufgrund von Gesichtern extrem genaue Aussagen, aber nicht in der Art von quasi-astrologischen Prognosen, sondern äusserst präzise. Da spielen natürlich auch zum Beispiel Höcker auf der Nase oder andere Merkmale des Gesichts eine Rolle. Dabei ging es in der später in einer Studie zu prüfenden Theorie um die Frage, ob sich das Wesen eines Menschen mit der Begradigung seiner Nase ändert. Und zwar, weil ein Höcker auf der Nase eben ein Charaktermerkmal sei, das auch auf das Innere wirke, oder sogar, ob sich der Höcker wieder bilden würde, weil ebender zum Wesen des Menschen gehöre. Das habe ich persönlich so noch nicht gesehen. Aber der Zusammenhang beinhaltet sicher eine spannende Frage. Um das Ganze abzurunden: Die plastische Chirurgie oder die Schönheitschirurgie, wenn man diese so nennen will, hilft sicher sehr vielen Menschen. Das sehen viele Leute nicht. Sie erkennen nur entstellte Patienten. Die Menschen, denen wir tatsächlich haben helfen können, sehen sie nicht. Weiter machen wir notabene auch viel Hautkrebschirurgie und sehr viele medizinisch notwendige Eingriffe. Die Grenzen sind jedoch auch fliessend. Bei einem Hautkrebsfall an der Nase ist neben der Entfernung des Geschwürs die ästhetisch gelungene Wiederherstellung der Nase auch von grosser Wichtigkeit.

PK *Welche ethischen Grenzen bestehen aus deiner Sicht betreffend die Verfügbarkeit über den eigenen Körper? Gibt es eine übergeordnete Kraft oder gar Macht, die es dabei zu beachten gilt?*

FB Ich denke, das ist eine zu romantische Vorstellung. Warum sollte man Make-up oder Lippenstift verwenden, sollte man jeder Frau sagen, wieso sie das tun sollte? Man verändert damit ja auch so sein optisches Bild, sein wahrnehmbares Auftreten. Wie weit jemand dabei gehen möchte, soll jeder selbst entscheiden. In fünf Jahren verfügen wir möglicherweise alle über einen Chip, der uns so aussehen lässt, wie wir es an spezifischen Tagen gerade wollen. Vielleicht gibt es künftig auch Tabletten, die wesentliche Änderungen am äusseren Erscheinungsbild eines Menschen bewirken. Es ist ein schleichender Prozess. Zugleich müsste man mit einer derart gestellten Frage generell alle medizinischen Eingriffe in Frage stellen. Wenn jemand mit 65 Jahren einen Herzinfarkt erleidet, könnte man ja damit argumentieren, dass ein medizinischer Eingriff dem natürlichen Verlauf der Dinge ins Gehege komme. Man könnte sagen, dass das eben von der jeweiligen Genetik her so bestimmt sei. Ich glaube, wir alle tun vieles, um gesund zu bleiben, verfügen über einen Lebenswillen, wollen lange leben, aber auch gut aussehen. Das liegt einfach in unserer Natur. Das ist etwas, was man nicht «runterprügeln» kann. Es ist ja bereits heute so, dass der Umgang mit Botox bereits die Qualität eines Friseurbesuchs erreicht hat. Das wird sich auch in anderen Bereichen so weiterentwickeln. Alles ist zu Beginn neu und es gibt viele Skeptiker und Kritiker. Im Laufe der Zeit beginnen sich solche Dinge jedoch in den Alltag zu implementieren, weil damit menschliche Bedürfnisse befriedigt werden.

PK *Obwohl in unserer Zeit die Ärzte keinen hippokratischen Eid mehr ablegen, bist du dennoch der ärztlichen Ethik verpflichtet. Wie stellst du die Vereinbarkeit mit dem ärztlichen Ethos sicher? Ich habe vor unserem Gespräch nachgeschlagen, welche (vier) Prinzipien gelten: die Autonomie des Patienten zu wahren, das Gebot, den Kranken nicht zu schaden, nur medizinische Behandlungen durchzuführen, die für die Patienten Nutzen stiften, und Gerechtigkeit im Zugang zu medizinischen Leistungen zu gewähren. Wie gehst du persönlich damit um?*

FB Als Arzt hat man da im positiven Sinne ein Brainwashing durchlaufen. Wir alle gehen durch diese Schule. In den Spitälern gelten diese Prinzipien und auch ich lebe sie in der Ästhetik. Die Autonomie der Patienten ist mir hochgradig wichtig. Ich sehe mich in erster Linie als Berater. 30 Prozent der potentiellen Patienten verzichten nach einem solchen Beratungsgespräch auf einen operativen Eingriff, tun weniger oder versuchen alternative Methoden, weil ich eine entsprechende Empfehlung abgegeben habe, da die gewünschten Ergebnisse nicht operativ erreichbar wären. Die Medizin ist heute so fortgeschritten, dass das Gebot «keinen Schaden zufügen» omnipräsent ist. Bei einem Eingriff wissen wir stets sehr genau, was wir tun. Wir wissen, in welcher Schicht wir operieren und wie die Anatomie funktioniert. Wir kennen die Risiken und klären die Patienten entsprechend auf. Über das Thema Gerechtigkeit kann man sicher streiten. Im ärztlichen Segment herrscht in der Schweiz hochgradig Gerechtigkeit. Wir haben eine sehr gute Versorgung, die aber leider bereits an der Landesgrenze aufhört. In Deutschland ist sie schon eine Frage des Geldes, und ich denke, in anderen benachbarten Ländern wie in Italien auch. Je weiter man den Betrachtungswinkel Richtung Osten oder Westen auftut, desto unbefriedigender stellt sich die Situation dar. In den USA muss man über genügend finanzielle Mittel verfügen, um eine vernünftige medizinische Versorgung zu erlangen. Ob man nun so weit gehen sollte, dass auch Schönheitsbehandlungen demokratisiert werden müssen, weiss ich nicht.

Das Leben ist eben nicht in allen Belangen gerecht. Der eine kann sich einen Ferrari kaufen, der andere nicht. Ich glaube auch nicht, dass von so etwas das Glück abhängt.

PK *Eine Frage, die ich dir gerne zum Schluss stellen möchte, betrifft den weiten Blick in die Zukunft: Was soll mit dem, was du bereits gemacht hast und vor allem auch noch tun wirst, der innere Zweck, der eigentliche Sinn deines Schaffens gewesen sein, wenn du in 20 oder sogar 30 Jahren auf dein Lebenswerk zurückschaust?*

FB Ich glaube, dass wir sowohl im allgemeinen medizinischen Bereich als auch in der Dermatologie, der Hautkrebs-, Gesichts- und Schönheitschirurgie sehr vielen Menschen geholfen haben, sich in ihrer Haut wohlzufühlen.

RICO HERZIG

Unternehmer

Welche bleibenden Erinnerungen verbinden dich mit unserem Club?

Die kameradschaftlichen Bande, die in der Mitgliedschaft geschlossen werden konnten, sind für mich eine nachhaltige Bereicherung.

Die «Hands-on»-Aktivitäten und gemeinsamen Ausflüge sind bleibende Erlebnisse. Ich denke an das Meeting in Risch, die spannende und interessante London Reise sowie die letzten zwei Badenfahrten usw. Diese Anlässe haben mir neue Erfahrungen mit Kameraden gebracht und zu vertieften Freundschaften geführt.

Für mich persönlich ist aktuell das Club-Engagement beim Jugendzirkus Arabas ein wertvolles und bereicherndes Erlebnis.

Was bedeutet dir persönlich die Mitgliedschaft?

Der Gedanke «We Serve» trifft meine Wertvorstellungen. Ich finde es schön, wenn neue Projekte realisiert oder unterstützt werden können. Ich würde mir aber wünschen, dass unsere Zusagen etwas spontaner wären und weniger hinterfragt werden.

Die Mitgliedschaft ist für mich ein grosser Gewinn, spannende und interessante Kameraden und Persönlichkeiten näher kennen und schätzen zu lernen. Neue und unbekannte Themen sind für mich eine interessante Horizont-Erweiterung, um Einblicke in neue Themenkreise zu erhalten. Mich fasziniert immer wieder der Umstand, dass scheinbar unspektakuläre Themen sehr bereichernd sein können.

Ich freue mich bei jedem Meeting auf die persönlichen Kontakte und den Meinungsaustausch.

WAS BLEIBT NACH DEM WEGGANG?

Lions-Meeting vom 6. Oktober 2022: Ein Gespräch mit Peter Hasler und Hans-Mathias Käppeli

Einordnung und roter Faden

Eine grossartige Runde, wie ich denke, hat sich zu diesem Thema zusammengefunden. Peter Hasler – Jurist mit Doktorat der Universität Zürich – trat im Jahr 1974 dem Schweizerischen Arbeitgeberverband der Maschinenindustrie bei. Ab 1982 amtete er als Direktor, 1993 wechselte er zum Schweizerischen Arbeitgeberverband, in dem er bis 2006 als Direktor Verantwortung trug. Peter Hasler engagierte sich in verschiedenen Verwaltungs- und Stiftungsräten. So war er u. a. Präsident des Verwaltungsrats der Schweizerisches Reisekasse (Reka), Präsident des Verwaltungsrats des Zürcher Universitätsspitals wie auch Mitglied des Stiftungsrats WWF Schweiz. Ein besonderer Markstein war 2010 die Übernahme des Verwaltungsratspräsidiums der Schweizerischen Post, als er die Nachfolge Claude Béglés antrat.

Der Ökonom Hans-Mathias Käppeli erwarb an der Universität St. Gallen das Lizentiat mit Vertiefungsrichtung Bankwirtschaft (lic. oec. HSG). Zudem erlangte er einen MBA an der International Bankers School in Chicago. Er wirkte während seiner beruflichen Laufbahn elf Jahre als Geschäftsführer der Freiämter Bank SLO in Muri. Danach war er für die Neue Aargauer Bank tätig, bei der er nach vier Jahren in die Geschäftsleitung berufen wurde. Zuletzt wurde er nach weiteren zwei Jahren zum CEO befördert und leitete die Bank schliesslich während fünf Jahren. 2008 erfolgte der Wechsel zum Vermögensverwalter Kraemer, Schwab & Co AG.

Pascal Koradi *Hans Mathias, welcher Weggang beschäftigt dich im Rückblick auf deine beeindruckende berufliche Karriere noch heute?*

Hans-Mathias Käppeli Ich habe schon einige Abgänge erlebt. Innerhalb der Bankenwelt gibt es verschiedene Strömungen. Ich bin in Muri, Freiamt, aufgewachsen. Dort gab es eine kleine Bank, die Spar- und Leihkasse Oberfreiamt, die später zur Freiämter Bank SLO umfirmiert wurde. Sie wurde schon von meinem Vater und vorher von meinem Grossvater geführt. Fernab von hochtechnisierten Alarmanlagen war es damals üblich, dass der Bankleiter im oberen Stock des Bankgebäudes wohnte; er war quasi das personifizierte Alarmsystem. Diese Umgebung hat mich geprägt. Meine Familie war an dieser Bank mit einem Minderheitsanteil beteiligt und der Verwaltungsrat des Instituts suchte schon während meines Studiums betreffend eine allfällige Nachfolge das Gespräch mit mir. Mit 29 Jahren übernahm ich die Geschäftsführung dieser Bank mit rund 30 Mitarbeitenden, ohne vorher jemals die Örtlichkeiten betreten zu haben. Ich hatte zuvor auch noch nie eine Führungsfunktion ausserhalb des Militärs innegehabt. Der Weggang meines Vaters und mein Eintritt in das Unternehmen war ein prägendes Erlebnis. Eindrücklich war für mich, dass die sorgsam vorbereiteten Unterlagen und Dokumente meines Vorgängers für meine tägliche Arbeit keine Relevanz besassen. Mit dem Weggang einer Führungsperson verlieren diese Aufzeichnungen jeglichen Wert. Dann kam die Zeit bei der Neuen Aargauer Bank. Eine grundsätzlich tolle Zeit, geprägt jedoch auch vom Einfluss des Mutterkonzerns Credit Suisse. Der Hauptaktionär gefiel sich im Mikromanagement, was die eigenen Entfaltungsmöglichkeiten erschwerte.

PK *Persönlich kann ich mich gut an die strittigen Themen zur Verrechnung der Konzernleistungen erinnern. Ich war in dieser Zeit als Finanzchef bei der Neuen Aargauer Bank tätig und hatte dafür ein sachliches Verständnis. Als CEO hatte Hans-Mathias aber dazu einen anderen Zugang.*

HMK Ich hatte zu meiner Frau stets gesagt, dass sie meine Lebensversicherung sei. Ich sagte ihr, falls ich mich mit dem Konzern überwerfen sollte, würde ich als Hausmann fungieren und Haus und Garten unterhalten. Sie glaubte mir das nie so recht. Sie ist eine sehr selbstbewusste, emanzipierte Persönlichkeit. Ich hatte gegenüber dem Konzern stets geäussert, was ich dachte. Irgendwann überwarf man sich tatsächlich, ich wurde wohl als zu störrischer Mensch gesehen. Du hast mich jedoch gefragt, welcher Weggang mich heute noch bewegt. Das war wohl eher der Weggang bei der Freiämter Bank. Mit der erfolgten Generalversammlung war der Verkauf der Bank besiegelt. Als Mitinhaber und Geschäftsführer war man eine angesehene Person, zumindest in Muri und Umgebung. Das änderte sich mit der Veräusserung abrupt. Daher wusste ich, was bei einem Weggang aus der Führungsfunktion bei der Neuen Aargauer Bank auf mich zukommen würde. Ich hatte hierzu bereits Erfahrung gesammelt, die mir damals half.

PK *Das Thema Weggang aus einer Führungsfunktion kann dem weiten Topos Abschied, ja dem Tod zugeordnet werden. Man ist mit der eigenen Endlichkeit konfrontiert, dem Sterben und der Sterblichkeit. Der Philosoph Schopenhauer behauptete, dass der Abschied ein Vorgeschmack des Todes sei. Peter, kannst du dich dieser Auffassung anschliessen oder hat eine Führungspersönlichkeit, die ihr Abschied entsprechend schmerzt, zu viel in ihre Rolle interpretiert?*

Peter Hasler Das ist total verschieden, ich denke, das kann man nicht generalisieren. Abschied von einem Unternehmen ist ein multikomplexes Thema. Man nimmt nicht nur Abschied von einer Finanzlage, von Institutionen, sondern in erster Linie von Menschen. Sie sind der ausschlaggebende Faktor, so auch in der Unternehmenswelt. Ich hatte nie Mühe, ein Unternehmen als solches zu verlassen, sondern nur wegen des Abschiednehmens von den Menschen. Das Unternehmen ist nur eine Konstruktion, das mit Leben und Beziehungen gefüllt wird. Entscheidend ist, ob ich glücklich oder unglücklich gewesen bin und welche Rahmenbedingungen mit dem Abschied verbunden sind. Ich habe meine Funktionen der Altersgrenze wegen verlassen. Selbstverständlich wird man mit höchstem Lob und dem Ausdruck grössten Bedauerns verabschiedet. Dennoch, sobald man die Pforten des Unternehmens verlässt, geht man vergessen. Es gibt wahrscheinlich zwei zu unterscheidende Situationen des Abschieds: Der einer Führungspersönlichkeit, die den Fokus beinahe einzig auf den Beruf gelegt hat und nach dem Weggang schlicht nichts mehr hat. Anders habe ich als junger Familienvater meinen Arbeitsort stets so gewählt, dass ich am Mittagstisch mit meinen beiden Söhnen anwesend sein konnte. Das Familienleben ist entscheidend. Viele Manager stehen vor einer nur vermeintlichen Wahl zwischen Familie und Beruf. Die Familie lehrt einen Demut. Im privaten Kontext werden nicht alle Entscheidungen sklavisch umgesetzt. Im beruflichen Umfeld geht das zum Teil einfacher. Das fördert auch toxische Charaktere, die in einem Unternehmen langfristig Schaden anrichten können. Ein Weggang ist für eine so geartete Führungspersönlichkeit ein schwerer Schlag, weil damit der ganze Lebensinhalt wegbricht.

Ich selbst habe mit einem Weggang nie Mühe gehabt und habe mich auch stets geweigert, nachträglich mit dem Unternehmen bei Treffen von Pensionierten und Ehemaligen verbunden zu bleiben. «Servir et disparaitre» war die Lösung für mich. Der Dialog zwischen dem Nachfolger und dem Vorgänger, der sich bei Fragen gerne melden würde, ist nur eine Stilfrage. Das war einmal und wird nie wieder passieren.

Meine nächste Etappe ist nun, dass ich mich innerhalb von Vereinen und Institutionen engagiere, in denen ich wieder etwas bewirken kann.

PK *Das Zitat «servir et disparaitre» wird Friedrich dem Grossen zugeschrieben, einem, der nicht als grosser Menschenfreund bekannt war. Von ihm stammt ja auch die Aussage, dass Diplomatie ohne Waffen mit Musik ohne Instrumente gleichzusetzen sei. Ich kenne dich eigentlich nicht als Misanthropen … Verschwinden nach dem Weggang bedeutet ja auch, dass du danach keinen Kontakt mehr zu deinen Arbeitskollegen pflegst. Verhältst du dich bewusst so?*

PH Ja, das ist so. Es gibt ja auch keine beruflichen Freunde. Wir beide haben uns beispielsweise gut verstanden, aber wir pflegen keine Freundschaft. Man darf nach dem Austritt keine entsprechenden Erwartungen hegen. Aus diesem Grund muss man einen Plan haben, was nach dem Weggang folgen soll.

PK *Wie ist das bei dir, Hans-Mathias? Bei der Credit Suisse prägte das geflügelte Wort von Oswald Grübel «Wenn du einen Freund suchst, kauf dir einen Hund» den Umgang miteinander. Du hast viele Jahre bei der Neuen Aargauer Bank verbracht, eng und langjährig mit Menschen zusammengearbeitet, diese gefördert und in ihrer Weiterentwicklung unterstützt. Wie hast du es damals empfunden, wie du die Bank plötzlich verlassen hast?*

HMK Meine Auffassung damals war, dass für meine ehemaligen Weggefährten mein Weggang auch nicht einfach war. Man war viele Jahre auf einem gemeinsamen Weg, musste sich aber wegen des Wechsels neu orientieren. Ein neuer Chef will manches, wenn auch vielleicht nicht alles, anders gestalten. Aus diesem Grund habe ich mich ein wenig zurückgezogen, um die Neuorientierung der Mitarbeitenden nicht zu behindern. Gleichwohl möchte ich ein wenig widersprechen.

ES GIBT IM BERUFLICHEN UMFELD DENNOCH FREUNDSCHAFTEN, DIE ENTSTEHEN UND AUCH NACH DEM WEGGANG ÜBERDAUERN KÖNNEN. ES GIBT SOLCHE SITUATIONEN, WENN AUCH WENIGE.

Das hängt davon ab, ob ein gegenseitiger Wille besteht oder sich das Ganze auf das ehemalige Abhängigkeitsverhältnis reduziert.

Gerne möchte ich dich, Pascal, fragen, wie du deinen Weggang erlebt hast, insbesondere auch deinen Abschied bei der Aargauischen Kantonalbank. Man hatte von aussen schon den Eindruck, dass du deine Funktion sehr gerne innehattest. Damit möchte ich nicht sagen, dass du andere Ämter nicht auch gerne bekleidet hast. Aber aus meiner Sicht hat dich diese Stelle doch sehr stark erfüllt.

PK *Ja, das war so. Zugleich war der Weggang bei der Aargauischen Kantonalbank (AKB) auch einfach, weil ich keine andere alternative Option als den Abschied offen hatte. Als ich damals von der Schweizerischen Post zur AKB wechselte, fiel mir die Entscheidung viel schwerer. Die Rückkehr in die Region, in der meine Familie zu Hause ist, war damals mit ausschlaggebend. Was mich bei meinem Weggang von der AKB am meisten schmerzte, war das Gefühl, aus einem Film herausgerissen zu werden, in dem ich ein sehr aktiver Mitspieler war, der eben erst begonnen hatte. Ich habe darüber viel nachgedacht. Mir ist klar geworden, dass ich mit dieser Sicht meine eigene Rolle überhöhe. So denke ich nur an mich und nicht an die Kolleginnen und Kollegen. Ich wollte zu neuen Ufern aufbrechen, ertappte mich aber oft dabei, dass ich zwar vorwärts ging, zugleich aber oft noch zurückblickte. So kommt man nicht wirklich vorwärts. Heute gelingt mir das besser, ich bin ich auf dem Weg vorwärts, möchte aber nicht leugnen, dass ich immer noch gelegentlich zurückschaue. Wie von den Vorrednern bereits gesagt, pflege ich nur noch mit ganz wenigen ehemaligen Mitarbeitenden persönlichen Kontakt, auch wenn das Personen sind, die mit mir bei verschiedenen Arbeitgebern zusammengearbeitet haben. Ich versuche das Private vom Beruflichen zu trennen.*

Wortmeldung aus dem Publikum Ich hatte in diesem Zusammenhang ein Schlüsselerlebnis. Ich war CEO einem börsenkotierten Unternehmen und musste es wegen Differenzen mit dem Verwaltungsratspräsidenten verlassen. Ich hatte eine enge Beziehung zu den Mitarbeitenden und identifizierte mich mit dem Unternehmen. Der Vizepräsident des Verwaltungsrates nahm mich damals zu Seite und sagte mir Folgendes: «Der Zug hat kurz angehalten, damit du ihn verlassen kannst. Du bist ausgestiegen und stehst nun auf dem Bahnsteig. Der Zug fährt weiter, da er eine Destination hat. Im Viererabteil der Geschäftsleitung ist gerade ein Platz leer geworden. Er wird bald wieder besetzt sein. Du hast nun noch Gelegenheit, dem Zug, der gerade abfährt, zu winken, danach ist die Geschichte für dich beendet. Die übrigen Insassen bleiben auf ihren Plätzen sitzen und haben bei der nächsten Haltestelle vergessen, wer ausgestiegen ist.» Diese Metapher hat mich anfänglich schockiert, schliesslich aber habe ich so den Mechanismus verstanden. Wenn ich nun auf dem Perron stehen bleibe, werde ich das allein tun. Es hat mir geholfen, sofort den nächsten Schritt zu tun.

PH Es gibt verschiedene Arten des Abschieds. Die grösste Gefahr in einem Unternehmen ist ein Zwist zwischen CEO und Verwaltungsratspräsident. Falls sie nicht miteinander funktionieren, wird es schwierig. Ich habe selbst auch solche Erfahrungen gemacht. Als Verwaltungsratspräsident, der von aussen in ein Unternehmen eintritt, dem das langjährige Wissen um dieses fehlt, ist es nicht immer einfach, als Vorgesetzter eine Vertrauensbeziehung zum operativ Verantwortlichen aufzubauen. Ich bin überzeugt davon, dass man an eine ungerechtfertigte Verabschiedung ein Leben lang zurückdenkt. Das lässt einen nicht einfach los.

Wortmeldung aus dem Publikum Wie wirkt sich ein solcher Abschied auf die Gesundheit aus? Als selbständiger Unternehmer, der immer selbst entscheiden konnte, war ich davon nie betroffen.

PK *Ich kann hierzu möglicherweise etwas beitragen, da ich in der Vorbereitung des Gespräches eine Studie aus dem Jahr 2017 konsultiert habe. Darin wurde die Forschungsfrage geprüft, ob entlassene CEOs von US-amerikanischen Firmen nach ihrem Weggang häufiger krank werden und welche Faktoren dabei entscheidend sind. Dazu wurden die sogenannten Big Five herangezogen, mit denen die Persönlichkeit eines Menschen in fünf Dimensionen charakterisiert wird. Es hat sich herausgestellt, dass Neurotizismen dabei eine entscheidende Rolle spielen. Personen, die Emotionen nur sehr kontrolliert zeigen, anstatt den Emotionen öfter freien Lauf zu lassen, nehmen eher gesundheitlichen Schaden.*

PH   **ANGST IST DEIN STÄNDIGER BEGLEITER. JE GRÖSSER DAS VERMEINTLICHE DRAMA, DESTO EHER SUCHEN AUCH DIE MEDIEN BEIM OBERSTEN CHEF NACH DEM SCHULDIGEN. VIELE MENSCHEN IN FÜHRUNGSFUNKTIONEN SCHÜTZEN SICH MIT IHREM AFFEKTIERTEN AUFTRETEN.**

Sie wirken distanziert. Deshalb stellt sich ja auch die Frage nach dem Sollprofil einer Persönlichkeit, das die oberste Führungskraft erfüllen sollte. Es gibt nicht nur einen Typ Mensch. Der eine verarbeitet eine solche Situation besser, der andere weniger gut. Angst und Frust nach einer Entlassung und die fehlende Erfüllung verkürzen aus meiner Sicht das Leben. Was sehr hilft, ist eine Familie bzw. ein privates Umfeld, das einen in der Verarbeitung unterstützt.

HMK Hierzu möchte ich anfügen, dass die Sicht eines selbständigen Unternehmers, der mit dem Einsatz seines Vermögens mehr Risiken trägt, aber auch mehr Freiheiten hat, eine andere ist. Es ist ganz anders, wenn du ein Unternehmen führst, dass nicht dir gehört. Schon zu Beginn der Tätigkeit ist deshalb klar, dass die Funktion zeitlich beschränkt ist. Ich selbst habe nie einen Karriereplan verfolgt, mich nie in meinem Leben um einen Job beworben, was ich als einzigartig erachte. Ich wurde stets gefragt. Auch was die Führung betrifft, habe ich als Manager lernen müssen, dass man nicht einfach befehlen kann, sondern in grossen Dienstleistungsorganisationen die Menschen überzeugen muss. Das ist zentral. Das ist eine diametral andere Sache bei einem Unternehmer, der Kraft seiner Situation Dinge viel leichter umsetzen kann.

PK *Ich möchte das Bild des Vorredners mit dem abgefahrenen Zug und dem Verbleiben auf dem Bahnsteig noch ergänzen. Aus meiner Sicht fehlt dabei noch die Blaskapelle, die da ist, wenn man den Zug besteigt und wieder verlässt – die mediale Öffentlichkeit. Möglicherweise nimmt man sie als Betroffener ganz besonders wahr. Ich denke dabei nicht nur an die Leit-, sondern auch an die sozialen Medien und auch an hybride Formate. Als ich damals von der Neuen Aargauer Bank zur Schweizerischen Post wechselte, war mir bewusst, dass damit auch mehr mediale Aufmerksamkeit verbunden sein könnte. An dritter oder vierter Stelle in der Hierarchie eines Unternehmens steht man noch nicht direkt an der Sonne, aber schon auch im Licht der Öffentlichkeit, in dem es durchaus auch unangenehm werden kann. Damals war mir bewusst, dass man in einer solche Rolle scheitern* *könnte bzw. dieses Risiko bewusst einkalkulieren sollte. Diese Überlegung war mir weniger präsent, als ich später in die Aargauischen Kantonalbank übergewechselt war. Zu Beginn hatte ich nach meiner Wahrnehmung viele Akklamierende an meiner Seite. Glücklicherweise wusste ich das zu relativieren, sonst wäre die kalte Dusche bei meinem Weggang für mich nicht zu ertragen gewesen. Jene Blaskapelle hat einen verstärkenden Effekt auf die Szenerie, die mein Vorredner beschrieben hat. Menschen, die dir erstmals begegnen, sind bereits vom Spiel dieser Kapelle beeinflusst. Du kannst zwar den nächsten Zug besteigen, aber der Trauermarsch ist für alle hörbar schon gespielt. Das wird man nicht so einfach los.*

HMK Ja, für dich war sicher auch die öffentliche Debatte um die Aufarbeitung der Postauto-Affäre wenig hilfreich.

PH Ja, und damit haben wir jetzt das ganz schwierige Thema des öffentlichen Exponiertseins angeschnitten. In einer solchen Kaderposition ist man schliesslich wehrlos den Medien ausgeliefert. Die Medien sind nicht beherrschbar. Die vermeintlich kollegiale Nähe zu den Journalisten hilft hier nicht weiter. Ich durfte 21-mal in der «Arena» des Schweizer Fernsehen auftreten, habe hunderte Interviews gegeben, wurde stundenlang gefilmt und an allen möglichen und unmöglichen Orten fotografiert. Eine fürchterlich exponierte Situation, die in keiner Art und Weise durch die betroffene Führungskraft beeinflusst werden kann. Man ist gezwungen, medial Präsenz zu zeigen. Hätte ich das nicht getan, hätte man mir entgegengehalten, dass der Direktor des Arbeitgeberverbandes doch in der Öffentlichkeit präsent sein müsse. Das sei nun mal mein Job. Das war mir damals jedoch bei meinem Stellenantritt nicht bewusst. Zugleich entwickelt sich die Medialisierung. So wurde damals auch das Format «Arena» des Schweizer Fernsehens geschaffen. Stellen Sie sich bitte vor, vor laufender Kamera gefragt zu werden, welche Prognose Sie der Schweizer Wirtschaft für die nächsten fünf bis zehn Jahre stellen. Sie müssen antworten und spüren dabei den Druck der Öffentlichkeit und die wohl folgende Qualifikation Ihrer Aussage. Ich kann mich erinnern, dass ich relativ früh in meiner Rolle als Direktor des Arbeitgeberverbandes die laufend steigenden Sozialabgaben, welche die Arbeitskosten belasten, thematisiert habe. Damals fassten wir in der Geschäftsstelle den Entschluss, die Botschaft, dass ein Moratorium für die Sozialkosten nötig sei, auch in die Medien zu tragen. Ein Ringier-Journalist schrieb danach auf der Titelseite «Arbeitgeber verlangen Moratorium in der Sozialpolitik». Der Vorstand, der Präsident und mein Vorgesetzter waren darüber vorher nicht informiert worden. Sie können sich vorstellen, welche Hektik und Diskussionen das auslöste. In einer solchen Situation brauchen Sie ein stabiles Umfeld und auch persönliche Stärke, einen breiten Rücken. Falls Sie diese Situationen zu sehr belastet, sind Sie wohl für eine solche Rolle nicht geeignet. Nur weiss man das wohl erst, wenn man es auch bereits einmal erlebt hat. Ich selbst bin der Meinung, dass ich nicht mit einem besonders stabilen Nervenkostüm ausgestattet bin. Dennoch konnte ich diese Erlebnisse von mir abfliessen lassen und auch nach Niederlagen wieder aufstehen. Bei öffentlicher Kritik stellte ich meine Person nicht vollends in Frage. Falls Sie mit Selbstzweifeln und mit schlechter Laune reagieren, ist das insbesondere auch für die Mitarbeitenden keine gute Botschaft.

PK *Ich erinnere mich gerade, wie du vor der Finanz- und Geschäftsprüfungskommission des Natio- nal- und Ständerats anlässlich der jährlichen Berichterstattung zur Geschäftslage der Schweizerischen Post deinem Ärger über die Anzahl und Dichte der Regulierungen freien Lauf gelassen hast. Ich sass daneben und befürchtete, dass das möglicherweise kein gutes Ende nehmen könnte bzw. ein Journalist das entsprechend aufnehmen würde …*

PH Ja, passiert ist aber nichts. Schliesslich wurde nur über das Thema Schliessungen und Angebot von Poststellen diskutiert …

PK *Wie hast du, Hans-Mathias, während deiner Zeit als CEO der Neuen Aargauer Bank den Um- gang mit den Medien erlebt?*

HMK Ja, ich war natürlich nicht derart in den Medien präsent, wie das bei Peter Hasler der Fall war. Als «Banker» ist man froh, wenn man medial möglichst wenig Aufmerk- samkeit schafft, und dennoch war es aus Marketingüberlegungen angezeigt, auch in den Zeitungen präsent zu sein. Das habe ich eigentlich nicht sehr gerne getan. Ich kann mich an eine Episode erinnern, in der ich mich in Bezug auf den ungerechtfertigten Vorteil der Staatsgarantie der Kantonalbank exponiert habe. Die interne Diskussion hierzu ist stets geführt worden und ich habe mich damals erfrecht, diese Frage auch in die Medien zu tragen. Das fand entsprechend Resonanz, ja auch sogar das Schweizer Fernsehen wid- mete sich diesem Thema. Heute muss die Aargauische Kantonalbank die Staatsgarantie entsprechend entschädigen.

Wir haben bis dahin den Fokus auf den Abgang gelegt. Aber nach einem solchen gibt es auch eine Zukunft, die natürlich auch von den Umständen und der persönlichen Situation und dem Alter des Betroffenen abhängig ist. Ein solcher Wechsel hat ja auch etwas Gutes, wenn auch vielleicht anfänglich schmerzhaft. Aber es bieten sich auch Chancen, sogar eine neue Welt. Ich habe mich primär mit Finanzierungsthemen in der Bankenwelt auseinandergesetzt und bin nun in der Vermögensverwaltung zu Hause. Es gibt auch noch weitere Themen, die ich gerne noch ansprechen möchte.

PK *Welche Themen sind das?*

HMK Wenn wir heute über unsere Zukunft sprechen, müssen wir gewärtigen, dass sie durch den CO_2-Gehalt in der Atmosphäre beeinflusst ist.

PH Der russische Staatslenker Putin bestimmt doch unsere Zukunft …

HMK Ja, der mag dieses Thema in den Medien momentan verdrängen. Vorher ist es die Corona-Pandemie gewesen. Ich bin besorgt, dass wir das Umweltthema verschlafen und schlicht nicht reagieren. 70% des Kohlendioxid Ausstosses werden von 20% der reichsten Bevölkerung verursacht. Und wir Schweizer sind ein Teil davon. Ich prangere mich selbst auch an. Auch ich gehöre dazu, versuche aber vernünftig zu leben. Ich muss jedoch konstatieren, dass schlicht nichts passiert. Man ist derzeit wieder medial abgelenkt durch den schrecklichen russischen Angriffskrieg auf die Ukraine, wo wir doch schon mit den Folgen des Klimawandels konfrontiert sind. Ich denke auch an die Migrationsbewegungen aus den besonders betroffenen Regionen dieser Erde. Die Analysen sind gemacht, die Bedrohungslage ist bekannt. Wer Enkelkinder hat, müsste sich meiner Meinung nach diesem Thema viel stärker widmen.

PK *Ich möchte hierzu gerne eine Anschlussfrage stellen, die nach dem Antrieb, eine exponierte Rolle in der Öffentlichkeit anzunehmen. Natürlich gibt es auch noch andere Motive für die Übernahme eines Verwaltungsratspräsidiums oder einer CEO-Rolle. Aber war es für dich auch reizvoll, gerade auch hierzu etwas beizutragen? Oder kannst du das heute häufiger oder besser, da du freier agieren kannst und nicht mehr den mit der Rolle verbundenen Sachzwängen unterliegst?*

HMK Ja, ich denke, ich kann mich in dieser Sache heute freier äussern, so wie ich das eben getan habe, freier, als ich das als CEO der Neuen Aargauer Bank konnte. Ich verweise dazu auch auf das Buch von Naomi Klein, Green New Deal, das auch heute noch sehr lesenswert ist. Die meisten wissen gar nicht, was ich natürlich nur unterstelle, welchen Fussabdruck sie auf unserem Planeten hinterlassen. Der WWF Schweiz unterhält eine Internetseite, auf der man das für sich recht einfach bestimmen kann. Ohne ein entsprechendes Bewusstsein kann man sein Verhalten auch nicht ändern. Und ohne dass wir unser Handeln dramatisch ändern, wird die Erde in der heutigen Form nicht mehr bewohnbar sein. Wir kommen bei diesem Thema nicht weiter.

Frage aus dem Publikum Seit wann beschäftigen Sie sich mit diesem Thema, mit der Zukunft dieser Erde und dem Thema Nachhaltigkeit im Besonderen?

HMK Schon sehr lange. Ich habe eine Matura Typus C abgeschlossen. Bereits im Studium an der Hochschule St. Gallen war ich von der CO_2-neutralen Energieerzeugung mit Kernkraftwerken überzeugt, falls die Restrisiken, die damit verbunden sind, beherrschbar wären. Die Vorstellung einer Kernkrafthavarie in der stark bevölkerten Schweiz, eines Risikos mit zwar sehr tiefer Eintretenswahrscheinlichkeit, aber einem unglaublich grossen Schadensausmass ist unbeschreiblich. Schon damals war ich in diesen Themen sehr engagiert. Ich erinnere mich, dass ich damals mit meiner künftigen Ehefrau einen sogenannten Sonnengrill erworben habe. Mit sehr viel Geduld konnte man damit ein Spiegelei braten. Vor rund 30 Jahren haben wir ein älteres Bauernhaus gekauft und nach ökologischen Kriterien mit Holzheizung und Sonnenkollektoren sowie unter Nutzung von Meteorwasser für die sanitären Anlagen umgebaut. Der derzeitige russische Angriffskrieg auf die Ukraine führt uns vor Augen, wie abhängig wir immer noch von fossilen Energieträgern sind. Wir müssten uns schon lange davon lösen. Es gibt Studien, die belegen, dass deren Ablösung für die Schweiz Investitionen von 50 bis 60 Milliarden Franken bedeuten würden, für unsere reiche Volkswirtschaft aus meiner Sicht ein Pappenstiel.

PK *Peter Hasler, du warst in deinen öffentlichen Funktionen, nicht zuletzt auch als Verwaltungsrat der Schweizerischen Post, mit vielen, teilweise divergierenden Forderungen aus der Öffentlichkeit konfrontiert, oft mit dem Begriff «Service Public» umschrieben. Ein Thema hierzu sind ja auch die verschiedenen Lösungsansätze, nach denen das von Hans-Mathias Käppeli vorgetragene Problem angegangen werden soll. Die eine Seite ruft nach staatlichen Gesetzen und Regulierungen, die andere warnt vor staatlichem Eingriff und möchte das Problem durch den Markt gelöst haben. Du als Präsident der Schweizerischen Post hattest hierzu Stellung zu beziehen. Fühlst du dich in dieser Sache heute freier oder konntest du in deiner früheren Funktion mehr bewirken?*

PH Ich gratuliere in erster Linie Hans-Mathias Käppeli für sein Plädoyer. Die Frage fusst aus meiner Sicht auf der falschen Auffassung, dass ein Verwaltungspräsident als ungekrönter König Dinge nach seinem Gusto bestimmen kann. Wahrscheinlich gibt es schon Amtsträger, die sich entsprechend benehmen. Das ist jedoch alles andere als zeitgemäss. Man ist in einem Team, in eine Organisation eingebunden. Nicht ich habe die Post bewegt, sondern der Verwaltungsrat zusammen mit der Konzernleitung und einer Vielzahl von Fachleuten bestimmt den Gang der Dinge. Natürlich kann man Impulse setzen. Ich erinnere mich beispielsweise daran, dass ich stets die Frage nach Elektrofahrzeugen und der Nutzung von alternativen Energien gestellt habe. Worauf ich ein bisschen stolz bin, ist die Tatsache, dass unter meiner Ägide eine Frau als Konzernleiterin der Post angestellt worden ist. Ich habe dabei insbesondere auf die Sozialkompetenz als Hauptkriterium gedrängt.

Sowohl bei der Post, bei der Schweizer Reisekasse und beim Universitätsspital Zürich habe ich mich nur erfolgreich behaupten können, weil ich meine Rolle als Teil eines Teams verstanden habe. Dabei ist entscheidend, allen Mitarbeitenden Wertschätzung entgegenzubringen. Das ist die primäre Aufgabe eines Vorgesetzten. Auch die unsägliche, medienbegleitete 100-Tages-Frist, nach der sich eine Führungsperson zu ihren grundsätzlichen Erkenntnissen und der künftigen Ausrichtung des Unternehmens zu äussern hat, ist fehl am Platz. Der vermeintlich notwendige Umbau ist dabei oft vor allem damit begründet, dass die Führungskraft beweisen möchte, der Sache gewachsen zu sein. Ich habe meinen operativen Führungskräften eine solche Vorgehensweise untersagt. Derartige Ideen sind zuerst im Verwaltungsrat zu diskutieren. Danach ist eine Umsetzung im Team voranzutreiben. Schliesslich bin ich über meine gesamte berufliche Tätigkeit hinweg zur Einsicht gelangt, dass sich als Vorgesetzter nur eignet, wer Menschen gerne hat. Ich möchte nun aber noch konkret auf das Votum von Hans-Mathias Käppeli eingehen. Ich teile viele Punkte, die er gesagt hat. Es gilt aber auch die begrenzten Möglichkeiten der kleinen Schweiz zu gewärtigen, vor allem auch auf die des deutlich überwiegenden Teils der Bevölkerung, der die wirtschaftlichen Möglichkeiten zur Investition in eine Photovoltaikanlage, ein Elektroauto oder in andere Gebiete zur Reduktion des ökologischen Fussabdrucks fehlen. Dennoch bin ich der Meinung, dass alles nur eine Frage des Tempos ist. Es gilt Geduld zu üben. Die jüngsten Bestrebungen zum Ausbau der Wasserkraft stimmen zuversichtlich. Unter dem Druck der sich abzeichnenden Energiekrise findet man selbst zusammen mit dem Naturschutz Lösungen. Ich bin aber schon sogar ein wenig darüber verärgert, dass man quasi staatlich verordnet das Wohnzimmer nur noch auf 19 Grad heizen darf. Das ist ein Eingriff, der beinahe diktatorischen Charakter hat und in Analogie zu den Covid-Massnahmen eigentlich Proteststürme auslösen sollte. Aus meiner Sicht sind auch die technologischen Möglichkeiten bei weitem noch nicht ausgeschöpft. Ich versuche mein Verhalten auch im persönlichen Bereich anzupassen. So bin ich seit über 20 Jahren nicht mehr mit dem Flugzeug gereist. Was können wir als Personen im Ruhestand noch bewirken? Ich bin als Präsident eines Elektroautomobilvereins tätig. Dabei steht im Zentrum aufzuzeigen, dass Elektroautos heute im täglichen Gebrauch Fahrzeugen mit herkömmlichem Antrieb absolut gleichwertig sind. Ich habe in meinen Liegenschaften, auf meinem Haus und meinem Ferienhaus Photovoltaikanlagen installiert, die insgesamt rund 400kw/h Strom erzeugen können. Ich setze Solarthermie zur Warmwasseraufbereitung ein und habe mir einen bis dahin noch unwirtschaftlichen Batteriespeicher zugelegt, weil ich mir das leisten kann. Man kann das aber nicht von Bevölkerungsgruppen erwarten, die sich das finanziell nicht leisten können.

PK *Wir haben in unserem Gespräch eine zwar wichtige Abzweigung genommen … Das eigentliche Thema aber war ja, ob nach dem Weggang wieder eine neue Aufgabe wartet. Es gilt den Blick nach vorne zu wagen. Nun habe ich jedoch zum Abschluss noch zwei Fragen zum Rückblick. Ist es für euch beide noch von Interesse, was bei euren ehemaligen Arbeitgebern geschieht, wie eure Nachfolger das Unternehmen weiterführen? Und unterhaltet ihr noch Kontakte zu früheren Mitarbeitenden und erfahrt so auch, was die Menschen im Unternehmen derzeit beschäftigt?*

HMK Klar hat es mich interessiert. Mir war die Weiterentwicklung des Unternehmens wichtig, ich habe ja dazu auch viel Herzblut gegeben. Ich kann mich an eine Vorlesung von Professor James L. Heskett in Chicago zum Thema Kundenzufriedenheit erinnern: Das Mass aller Dinge sei nicht der Marktanteil, sondern die Zufriedenheit der Kunden. Als CEO der Neuen Aargauer Bank hatte ich die Möglichkeit, das umzusetzen. Das hatte ich im Konzern nicht gross kommuniziert, wir haben das einfach gemacht. Es tat mir schon ein wenig weh zu sehen, wie es weiterging. Der Claim zu meiner Zeit war: «Wir lösen das.» Er wurde kurz nach meinem Weggang gestrichen.

PK *Wie ist das bei dir, Peter Hasler?*

PH Wie bereits gesagt, ich besuche keine Anlässe von Pensionierten und Zusammenkünfte oder Vereinigungen von ehemaligen Mitarbeitenden. Eigentlich liegt mir das Schwelgen in Erinnerungen und Sagen fern. Ich bin dabei sehr konsequent. Ich verhalte mich diesbezüglich nur passiv. Selbstverständlich lese ich in den Medien über meine ehemaligen Arbeitgeber. Für mich persönlich peinlich ist gewesen, dass zwei meiner Nachfolger versagt haben. Darüber bin ich eher frustriert. Uneigennützig wie ich bin, wäre ich erfreut gewesen, wenn es nach mir noch viel besser geworden wäre. Falls der Nachfolger nicht reüssiert, stellt sich die Frage, ob der Vorgänger vielleicht auch bereits Fehler begangen hat. Nein, nach dem Weggang ist man rasch vergessen. Daher ziehe ich konsequent einen Schlussstrich und bringe mich nicht mehr ins Gespräch. Ich habe alle entsprechenden Interviewanfragen abgelehnt und bin zum Glück mit rund 15 Verwaltungsratsmandaten nicht nur auf ein Unternehmen fokussiert. Die grosse Frage ist schliesslich, was nach dem Abgang Lebensinhalt stiftet. Um das Bild des Vorredners aufzunehmen: Weiss man nicht, was man tun soll, wenn man den Zug verlassen hat und so auf dem Bahnsteig steht, wird es schwierig. Man kann als Unternehmer oder Führungspersönlichkeit nicht einfach nichts mehr tun. Meine Tätigkeiten in Vereinen und Interessengemeinschaften sowie als Redaktor einer kleinen Zeitung sind mir persönlich wichtig.

PK *Du hast mir einmal gesagt, dass ein Entscheidungsträger in erster Linie entscheiden müsse. Fehlt dir diese Aufgabe heute manchmal?*

PH Nein. Mir würde etwas fehlen, wenn ich mich nicht mehr nützlich machen könnte. Ich will Teil dieser Gesellschaft sein und Verantwortung tragen. Die Gesellschaft und das Schicksal sind immer sehr gut mit mir umgegangen. Ich habe das Gefühl, dass ich etwas zurückgeben muss und kann. Ich wurde einmal von einem Headhunter gefragt, was in einer Unternehmensführung am wichtigsten sei. Ich habe in meiner Antwort Wertschätzung, Stimmung im Team, Nachhaltigkeit, gute Produkte und Dienstleistungen erwähnt. Er korrigierte mich und bestand darauf, dass einzig der Aktienkurs zähle.

PK *Dein Schlusswort zu diesem Thema, Hans-Mathias?*

HMK Ich bin heute in der Vermögensverwaltung mit dem Value-Ansatz beschäftigt. Ein wichtiger Vertreter desselben ist der weithin bekannte Warren Buffet. Wichtig scheint mir langfristiges Denken – das kurzfristige Schielen auf den Aktienkurs ist irrelevant. Langfristig kann alles nur funktionieren, wenn wir uns von unserem angelernten übertriebenen Egoismus weg zu Lösungen von morgen im Gemeinsinn weiterentwickeln.

MARKUS ISLER

Unternehmer

Welche bleibenden Erinnerungen verbinden dich mit unserem Club?

Es gibt viele schöne und bleibende Erlebnisse aus den vergangenen 11 Jahren.
Dazu gehören sicherlich die Vorbereitungen und die Veranstaltung zu unserem
Anlass «30 Jahre LCBH» sowie die Activity mit dem Zirkus Arabas. Die Jassabende
im Alterszentrum Sulperg sind mir äusserst positiv in Erinnerung geblieben. Mit dieser
Activity erfreuen wir eine Gruppe unserer Gesellschaft, die eine solche Abwechslung
sehr schätzt und sich auf unser Kommen freut. Bei der Heimfahrt nach diesem Anlass
habe ich jeweils ein gutes Gefühl und es erfüllt mich mit Genugtuung, jemandem
eine Freude bereitet zu haben. Den Käsetransport aus Adelboden und die damit
verbundene kleine Auszeit, zusammen mit Freunden und unseren Partnerinnen, sind
eine willkommene Abwechslung. Die gesellige Runde im kleinen Kreis gefällt mir
sehr – schöne Umgebung, gutes Essen, gute Gespräche und eine ungezwungene
Stimmung. Es sind aber auch die kleinen und unscheinbaren Dinge, die mir Freude
bereiten und somit in positiver Erinnerung bleiben. Gesellige, kurzweilige und
unterhaltsame Gespräche beim Nachtessen nach einem Referat in der Linde möchte
ich nicht missen. Ich bevorzuge es, meine Platzwahl dem Zufall zu überlassen und
somit stets andere Gesprächspartner am Tisch zu haben.

Was bedeutet dir persönlich die Mitgliedschaft?

Die Mitgliedschaft bei den Lions ist mein sozialer Beitrag an unsere Gesellschaft.
Mit den Spenden, die wir jährlich ausbezahlen, bereiten wir vielen verschiedenen
Menschen eine Freude oder lindern ihr Leid. Man kann natürlich der Meinung sein,
dies sei nur ein Tropfen auf den heissen Stein – aber für die Begünstigten ist es eben
mehr. Ich denke, eine grössere Organisation oder Gruppe kann mehr bewirken als
eine einzelne Person. Somit ist es sicher sinnvoll, dass es Serviceclubs gibt.

WAS BLEIBT NACH DEM DIE MEDIENKARAWANE WEITERGEZOGEN IST?

Lions-Meeting vom 3. November 2022: Gespräch mit Christoph Richterich

Einordnung und roter Faden

Wir waren zu Gast in den Räumlichkeiten des Hercules Clubs mitten in Zürich. An unserer Gesprächsrunde nahm an diesem Abend Christoph Richterich teil.

Christoph Richterich ist Jurist und zugleich Unternehmer. Nach seinem erfolgreich absolvierten Studium an der Universität Basel führte sein beruflicher Weg zunächst in die Unternehmensberatung. Von dort wurde er von seinem damals grössten Mandaten, McDonald's Schweiz abgeworben, um als Mitglied der Geschäftsleitung die grösste Expansion des Unternehmens in der Schweiz mitzugestalten und umzusetzen. Er war für die Eröffnung von über 80 Restaurants mitverantwortlich und war verantwortlich für die Positionierung des Unternehmens in der Öffentlichkeit, bei Behörden, Politik und Medien. Nach diesen fast sieben erfolgreichen Jahren hatte er genügend Erfahrungen gesammelt und ein Notzwerk aufgebaut, um den Schritt in die Selbständigkeit zu wagen. Mit seiner eigenen Beratungsagentur zählt er heute Organisationen und Persönlichkeiten aus dem Top Management sowie Unternehmer und in der Öffentlichkeit stehende Personen zu seinen Kunden. Im Team mit weiteren Kommunikationsspezialisten betreut und coacht er sie zu Themen wie Positionierung, Public Relations und Reputation Management.

Pascal Koradi *Neben deiner Tätigkeit als Kommunikationsspezialist bist du auch als Verwaltungsratspräsident des Familienunternehmens F. Hunziker AG engagiert, eines Unternehmens mit breiter Produktepalette. So stehen dessen Gummibärli, Pastillen, Hustenbonbons und Getränkepulver unter anderem in den Verkaufsregalen von Migros und Coop. Das traditionsreiche, seit 1945 tätige Unternehmen ist zu 100 Prozent in Familienbesitz. Wie verbindest du die beiden Aufgaben?*

Christoph Richterich Für mich ist die Führung des Familienunternehmens F. Huziker + CO AG eine perfekte Ergänzung zu meiner Tätigkeit als Berater. Der Berater steht nicht in der Verantwortung, der Verwaltungsratspräsident hingegen schon. Ich fühle mich persönlich mehr als Unternehmer, denn als Berater. Die beiden Aufgaben trenne ich klar. Die Hunziker ist eine der führenden Produktionsunternehmen in den Bereichen Nahrungsmittel, Nahrungsergänzung sowie Arzneimittel. Ich bin zwar ein sehr operativer VRP mit täglichem Kontakt zum Unternehmen, ohne mich jedoch in die operative Entscheidungskompetenz der Geschäftsleitung einzumischen.

PK *Zur Hauptsache bist du aber als Kommunikationsexperte in Unternehmen tätig. Welche Rolle und welche Aufgaben übernimmst du dort?*

CR Ich nehme grundsätzlich eine Aussensicht für die Unternehmen und die verantwortlichen Personen wahr. Ich berate dabei vor allem Unternehmer, CEOs, Verwaltungsratspräsidenten und die entsprechenden verantwortlichen Gremien, aber auch andere Personen, die in der Öffentlichkeit stehen. In meiner Arbeit geht es in erster Linie um die Positionierung in der Öffentlichkeit und die entsprechende Strategie sowie zunehmend auch darum, wie man sich in Krisensituationen schützen kann. Dabei kommt der Kommunikationsplanung inklusive der Festlegung der zu adressierenden Themen eine wichtige Rolle zu. Das beschränkt sich nicht auf reine Medienarbeit, vielmehr sind alle Bezugsgruppen wichtig, die ein Unternehmen mit seinen Botschaften erreichen will.

PK *Wenn man über dich im Internet nachforscht, liest man über Themen wie Medien in Verbindung mit Vertrauen und Reputation. Welches Verständnis hast du vom Begriff Reputation?*

Reputation ist das höchste Gut, das ein Unternehmen oder eine Person innehat. Das gilt es zu schützen und sorgsam damit umzugehen. Bei den Unternehmen unterscheidet man zwischen Image und Reputation. Unter Image wird das «Verkaufsversprechen» eines Unternehmens verstanden, die Antwort zur Frage, wie es in der Öffentlichkeit wahrgenommen wird. Bei der Reputation geht es um das Verhalten gegenüber den Stakeholdern. Auch Einzelpersonen können als Marke verstanden werden. Mit den heutigen technologischen Möglichkeiten kann man sich gut positionieren, ist aber zugleich stets gefährdet. Wie das bereits mein Vorredner angesprochen hat, ist dabei die Unmöglichkeit des Vergessens innerhalb der online verfügbaren Medien eine nicht zu unterschätzende Tatsache. Die Reputation kann auch als Summe aller Begegnungen, die ein Mensch in seinem Leben gehabt hat, verstanden werden. Das zeigt sich insbesondere im Fall einer Krise. In ihr wird nicht nur darauf geschaut, was eine Person tatsächlich getan hat, sondern auch geprüft, was andere davon halten und welche Erkenntnisse sich aus den bekannten Plattformen der sozialen Medien zur Person ableiten lassen. Ein leichtfertiger Umgang damit kann zu Problemen führen.

PK *Du hast nun zwei Themen angesprochen: das Unternehmen und seine leitenden Personen sowie deren Auftritt in den Netzwerken der sozialen Medien. Zur ersten Thematik: Gibt es in der öffentlichen Wahrnehmung überhaupt noch eine Trennung von der Person an der Spitze einer Organisation und dem Unternehmen selbst? Oft ist von einem Unternehmen nur der CEO bekannt. Ist PR-Arbeit immer auf den Unternehmensleiter fokussiert oder gar beschränkt?*

CR Du sprichst den Personenkult an. Es ist so, dass das Bild eines Unternehmens in der Öffentlichkeit schliesslich durch die Frau oder den Mann an der Spitze geprägt wird. Das ist ein Fakt, egal ob es einem gefällt oder nicht. Die Medien suchen immer den Kontakt zur Spitzenpersönlichkeit. Sowohl im Guten oder im Schlechten werden Handlungen und deren Ergebnisse einzig mit dieser Person ursächlich in Verbindung gebracht. Viele Unternehmen versuchen dem entgegenzuwirken, indem weitere Persönlichkeiten in die Öffentlichkeit gestellt werden, aber mit sehr mässigem Erfolg. Das ist zwar auch mit erheblichen Gefahren verbunden, kann aber sehr gut ankommen. Ich denke da spontan an Steve Jobs. Zugleich können auch persönliche Verfehlungen das Unternehmensbild rasch havarieren. Für diese Entwicklung sind die Unternehmen insofern verantwortlich als sie den Personenkult zugelassen oder gar gefördert haben. Für die Medien ist es natürlich auch einfacher eine Person anzugreifen als ein Unternehmen.

PK *Das Zusammenwirken der Medien, der Personen in der Öffentlichkeit und der PR-Schaffenden als Intermediäre wird oft mit dem Begriff «Liaison dangereuse» tituliert. Wie bereits gesagt, wird die*

Öffentlichkeit von den Unternehmen und den leitenden Personen explizit gesucht, möglicherweise auch aus narzisstischen Motiven. Zugleich kann es passieren, dass man die Geister, die man damit gerufen hat, im negativen Fall nicht mehr loswird. Welchen Ratschlag gibst du den Akteuren hierzu mit?

CR Grundsätzlich ist es tatsächlich eine gefährliche Beziehung. Ich rate den Menschen immer in die Medien zu gehen, wenn das für sie persönlich oder für das Unternehmen tatsächlich von Nutzen ist oder das schlicht erwartet wird. Bei einem Grossunternehmen im Btc-Geschäft mit vielen Kunden gibt es keine Alternative als die, dass sich die leitenden Personen in der Öffentlichkeit zeigen und erklären. Das gilt es auch zu bewirtschaften. Grundsätzlich gebe ich diesen Personen stets mit, dass man mit dem Gang in die mediale Öffentlichkeit zu einer Person des öffentlichen Lebens wird. Das wiederum hat aus medienrechtlicher Sicht Relevanz. Falls jemand in eine Schieflage gerät, ist es den Medien erlaubt, eine solche Person mit vollem Namen zu nennen. Besonders wichtig ist dabei auch der Auftritt in den sozialen Medien. Falls er nicht gut organisiert ist, bergen sich darin besondere Gefahren. In grossen Unternehmen handhaben das meistens interne Kommunikationsabteilungen professionell. Aber auch in kleineren Betrieben gilt es einen angemessenen Umgang mit einschlägigen Problemen zu etablieren. Zu beachten ist dabei, dass die Grenzen zwischen beruflichem Engagement und Privatsphäre fliessend sind.

PK *Die Öffentlichkeitsarbeit ist besonders in der Krise herausfordernd. In einer solchen Situation bist du mit einer Persönlichkeit konfrontiert, die möglicherweise die mediale Öffentlichkeit bewusst gesucht hat, wonach sich aber die (Vor)zeichen gedreht haben. Der mediale Widerhall ist nicht mehr positiv, es gilt mit zum Teil als ungerechtfertigt wahrgenommener Kritik umzugehen. Wie gehst du als Berater solche Situationen an?*

CR Das hängt sicher stets von der jeweiligen Krise ab. Bei einem Unternehmen ist es in der Regel angezeigt, bereits vorgängig die fünf bis sechs Themen zu eruieren, die es tatsächlich in eine Krise führen könnten und die auch mit kommunikativen Mitteln zu bewältigen sind. In diesem sogenannten Issue-Management sollten entsprechende Massnahmen vorbereitet werden. Dabei gilt es die Kommunikationsinhalte, -abläufe und -zuständigkeiten festzulegen. Beispielsweise muss ein Lebensmittelhersteller für den Fall einer Kontamination eines Produktes oder eines Rückrufes entsprechend vorbereitet sein. Bei einer Einzelperson ist aus meiner Sicht das Vorgehen differenzierter zu wählen. Es gilt zuerst die Lage mit der notwendigen Ruhe zu analysieren. Als Einzelperson neigt man nach meiner Erfahrung und Ansicht dazu, die Situation zu überschätzen, in Panik zu geraten und dem Reflex nachzugeben, sich sofort zu erklären zu wollen. Ich sehe meine Rolle darin, diesen Personen zur Zurückhaltung zu raten und zu versuchen, zuerst die Fakten zu erkennen. Danach gilt es eine Strategie zu entwickeln, wobei oft auch Anwälte und Medienrechtspezialisten involviert sind. Es kann insbesondere auch aus psychologischer Sicht für die betroffene Person herausfordernd sein, dem Reflex einer sofortigen Reaktion zu widerstehen. In diesem Punkt bin ich auch als Coach gefragt.

PK *Deine Funktion ist es ja, diese Person zu unterstützen. Den Auftritt und die Performance vor den Medien kannst du deinem Klienten aber nicht abnehmen.*

CR Das ist so. Und ja, es ist tatsächlich einmal zu einer Situation gekommen, in der ich in meiner Rolle ein Interview unterbrochen habe, als ich gemerkt hatte, dass der Journalist mit dem Interview einzig die Stützung seiner These verfolgte. Dummerweise habe ich dabei vergessen, darauf zu bestehen, dass der Journalist die Tonaufnahme abstellt. Ja, schliesslich ist es schon der Betroffene, der Stellung beziehen muss. Dennoch ist es legitim, manchmal zu entscheiden, für den Moment nichts zu sagen und etwaige Anfragen direkt an den Kommunikationsbeauftragten weiterzuleiten. Dabei muss man auch die Fähigkeit haben, trotz vorgehaltenem Mikrophon nichts zu sagen, wenn man nicht alle Fakten kennt und nicht gut vorbereitet ist.

PK *Der bekannte Krimiautor und Anwalt John Grisham sagte einmal, der grosse Irrtum aller Mandanten liege darin, dass sie denken, dass der von ihnen beauftragte Anwalt ihnen tatsächlich glauben würde. Welche Stellung nimmt dabei der PR-Beauftragte ein? Glaubst du stets der Geschichte deiner Klienten oder ist das für deine Rolle nicht von weiterem Belang?*

CR Das ist ein interessantes Thema. In der öffentlichen Wahrnehmung wird der Anwalt ganz anders gesehen als der PR-Berater. Der ist beinahe moralisch mit seinem Klienten verbunden. Es steht implizit die These im Raum, dass man mit der Arbeit für einen Kunden mit ihm im selben Boot sitzen würde. Beim Anwalt ist das anders. Und darum gilt für mich schon die Devise, dass ich meinen Klienten in der Sache und auch menschlich glauben können muss. Ich lege ja bis zu einem gewissen Grad meine eigene Reputation in die Waagschale, wenn ich meinen Kunden und seine Geschichte in die Medien portiere. Ich bin persönlich involviert und kann meine Haltung nicht mit den

Gesetzen rechtfertigen, wie das ein Anwalt tut. Ich bin demzufolge darauf angewiesen, dass mir meine Kunden die Wahrheit erzählen. Es ist mir auch schon passiert, dass ich erst nachträglich festgestellt habe, dass das nicht der Fall gewesen war. Derart steht der PR-Berater – im Gegensatz zum Anwalt, der qua Funktion die Rolle des Verteidigers auszufüllen hat – selbst im Risiko. Das muss ich bewusst in Kauf nehmen und bei der Zusage zur Zusammenarbeit auch abschätzen.

PK *Es gilt in einer Krisensituation auch für dich die angemessene Rolle zu finden. Bei der betroffenen Person können neben der beruflichen Situation auch weitere, private Lebensbereiche tangiert werden. Wie grenzt du dich in deiner Rolle als Berater und Coach hiervon ab?*

CR Ja, das ist zeitweise noch schwierig. Man muss darauf schauen, dass man die Objektivität und die Aussensicht nicht verliert. Persönlich gehen mir die Dinge oft sehr nahe. Aber auch diese empathischen Fähigkeiten werden bei dieser Aufgabe benötigt. Der Kunde will und muss spüren, dass einen die Themen persönlich ebenfalls betreffen. Nur so kann ich meinem Gegenüber ein gutes Gefühl geben und Sicherheit vermitteln. Auch private und familiäre Themen gilt es auf dem Radar zu halten und beeinflussen die Gemengelage. Auch sie können wieder zu Reaktionen in Mediengefässen führen.

PK *Für deine Arbeit ist der Kontakt zu den Medienschaffenden wichtig. Die entsprechenden Verbindungen zwischen Journalisten und PR-Beratern sind auch potenziell konfliktträchtig und werden in der interessierten Öffentlichkeit teilweise auch kritisch thematisiert. Wie gehst du mit diesem Thema um?*

CR Das ist eben diese «Liaison dangereuse», wohl besser als notwendige Koexistenz zu bezeichnen. Medienkontakte zu pflegen, ohne damit ein direktes Ziel zu verfolgen und selbstverständlich ohne offen über meine Kunden zu sprechen, das ist für mich wichtig und notwendig. Man ist aufeinander insofern bezogen, als man jeweils als «Gatekeeper» von Information gilt, worauf auch die andere Seite angewiesen ist. Ein Journalist muss zwar die Unabhängigkeit wahren. Aber zugleich braucht er Zugang zu Informationen. Er steht im Wettbewerb. Entscheidend ist dabei, wer zuerst an die relevanten Geschichten kommt und die entsprechenden Schlagzeilen produziert. Der Journalist fragt beim PR-Berater des jeweiligen Exponenten an, um abzuklären, ob er auf der richtigen Fährte ist und die Story stimmig ist. Dabei ist gegenseitiges Vertrauen notwendig. Zugleich ist es für mich und meine Kunden wichtig, dass ich gute Kontakte zu den Medienschaffenden unterhalte. Es ist sicher keine Liebesbeziehung. Aber damit es richtig läuft, muss es ein belastbares Vertrauensverhältnis sein. Viele Kunden wollen auch von mir hören, was gerade so läuft, was die nächsten Headlines sein könnten. Hierzu sind diese Kontakte notwendig.

PK *Die Medien sind ja nicht nur an der Falkenstrasse zu Hause. Es existieren nicht nur Leitmedien wie die Neue Zürcher Zeitung. Nein, es gibt auch hybride Formen wie das Phänomen der sozialen Medien. Insbesondere in der Finanzbranche der Schweiz hat sich eine Blog-Plattform etabliert, die eine gewisse Rolle eingenommen hat. Wie gehst du mit diesem Phänomen um?*

CR Du beziehst dich wohl auf den Finanz-Blog Inside Paradeplatz von Lukas Hässig. Ich respektiere diesen Journalisten für den Aufbau dieser Plattform. Zugleich stehe ich dem Stil und Ton, der dort angeschlagen wird, oft auch kritisch gegenüber. Hässig ist ein intelligenter und spannender Zeitgenosse. Auf der anderen Seite ist er ein Geschäftsmann und agiert auch aus kommerziellen Gründen z. T. ohne Rücksicht auf Verluste. Er hat wohl schon vielen Menschen stark zugesetzt und ihren Ruf geschädigt. Ich möchte aber auch festhalten, dass er viele Themen zu Recht an die Öffentlichkeit gebracht hat. Ich habe meinen Kunden schon früh gesagt, dass es töricht wäre, diese Plattform zu unterschätzen. Das Problem ist aus meiner Sicht, dass die Redaktionen der traditionellen Medien personell oft schwach bestückt sind, keine Zeit für echte Recherchen haben und in der Tendenz bestehende Geschichten schlicht kopieren. Daher ist es durchaus wahrscheinlicher geworden, dass Themen, die auf Blogs oder sonst irgendwo aufkommen, den Weg in die Leitmedien finden. Diesen Weg hat Lukas Hässig sehr erfolgreich beschritten. Er hat grössere Skandale aufgedeckt und ist ja auch vor zwei Jahren mit einem Journalistenpreis ausgezeichnet worden. Seine Besonderheit ist, dass er sich mehr Freiheiten herausnimmt als andere. In grösseren Redaktionen sind gewisse Dinge einfach nicht denk- und umsetzbar, und zwar aufgrund der mit ihnen verbundenen Gefährdung der eigenen Reputation und der dort geltenden ethischen Prinzipien. Als Blogger und Einzelmaske kann sich Lukas Hässig gar nicht an gewisse Vorgehensweisen wie beispielsweise an eine doppelte, unabhängige Quellenprüfung halten. Das kommerzielle Modell verlangt, dass er jeden Tag seine zwei bis drei Thesenartikel veröffentlicht. Obwohl er damit schon einige Rechtsstreitigkeiten auszufechten gehabt hat, ist Lukas Hässig in der Vorgehensweise damit viel freier als ein Journalist, der in die Redaktion eines renommierten Medienhauses eingebunden ist. Er hat damit auch die Rolle des Messias aller Unzufriedenen in der Finanzbranche, aller vermeintlichen Whistleblower eingenommen, die ihrem Vorgesetzten, der sie gerade entlassen hat, noch etwas mitgeben möchten. Unzählige Mails erreichen ihn und die von ihm unterhaltene Plattform, um Ballast abzuladen. Obwohl der Wahrheitsgehalt seiner Geschichten zum Teil nicht gesichert ist, finden sie in der Branche teilweise grosse Resonanz.

PK *In dieser Medienkarawane nimmst du oft die Rolle eines Subjekts ein. Du spielst die erste Geige. Manchmal reduziert sich deine Rolle auch nur auf dein Mittun im Chor. Nun bist du gelegentlich aber auch Objekt im Medienzirkus. Wie geht man als Profi damit um? Professionell ist man in diesem Zusammenhang möglicherweise nur, wenn man nicht selbst davon betroffen ist?*

CR Ja, das ist immer so. Es ist eine andere Ausgangslage. Mit einer solchen Situation war ich auch kürzlich konfrontiert. Wie ich bereits gesagt habe, ist man als PR-Berater manchmal sehr eng mit einem Unternehmen oder mit einer Person verknüpft und läuft damit Gefahr, auch in den Fokus zu geraten. Das ist unangenehm. Auch hier hilft Erfahrung. Ich habe schon vieles erlebt, zwar nicht in der eigenen Rolle, aber dennoch konnte ich davon profitieren. Trotzdem geht man als Betroffener nicht gleich souverän mit einer solchen Situation um.

PK *Benötigt man in einer solchen Situation auch einen dritten PR-Berater?*

CR Je nachdem schon, obwohl ich selbst noch nie darauf zurückgegriffen habe. Auch ich bin nicht gegen die Mechanismen fehlender Objektivität gefeit. Subjektive Wahrnehmung ist verzerrt. Man überhöht die Wirkung und Resonanz eines Ereignisses in der Öffentlichkeit.

**JEDE KRISE HAT IHRE HALBWERTSZEIT.
EIN ARTIKEL VON HEUTE IST MORGEN
MÖGLICHERWEISE VERGESSEN.**

Die Aussensicht ist zur Relativierung und Einordnung der Geschehnisse wichtig.

Frage aus dem Publikum Wie sieht die Alltagsarbeit eines PR-Beraters aus? Wie oft ist man direkt mit einer Krisensituation konfrontiert und wie oft wird man zu präventiver Arbeit gerufen?

CR Ich für meine Person würde nicht von präventiven Mandaten sprechen. Die meisten meiner Mandate sind auf der Basis von Retainer-Jahresverträgen vereinbart. Durch sie bin ich beauftragt, alle Arbeiten des Unternehmens zu begleiten, die auf das Marken-image und die Reputation einzahlen. Dabei spielt auch proaktive Kommunikation eine wesentliche Rolle. Im Aufsetzen und der Umsetzung einer Kommunikationsplanung wird die Krisenkommunikation meistens nicht berücksichtigt. Dagegen ergeben sich im Laufe der Zeit Situationen, in denen Krisen entstehen beziehungsweise entstehen könn-ten, denen man mit geeigneten Massnahmen begegnen muss. Deshalb kann ich diese Frage nicht mit Prozentangaben beantworten. Ich möchte dennoch die Aussage wagen, dass sich in den letzten Jahren der Anteil der krisenbedingten Kommunikationsarbeit erhöht hat. Aus diesem Grund bin ich auch davon überzeugt, dass jedes Unternehmen, unabhängig von seiner Grösse, die Risiken, welche die Substanz der Firma gefährden könnten, kennen und auch Pläne bereit haben muss, wie beim Ernstfall damit umge-gangen werden soll.

Frage aus dem Publikum Sind Sie auch für politische Organisationen und öffentlich-recht-liche Körperschaften in Staatsbesitz tätig? Wenn ja, wie unterscheidet sich diese Arbeit von Mandaten mit privaten Auftraggebern?

CR Ich habe früher zwei Politiker aus meinem weiteren privaten Umfeld beraten, tue das aber grundsätzlich nicht. Ich bin politisch sehr interessiert, und bereit, mich themenbe-zogen politisch zu engagieren. Ich berate aber keine Parteien. Dafür gibt es spezialisierte Anbieter. Obwohl die Mechanismen zum Teil die gleichen sind, habe ich davon stets Abstand gehalten.

Derselbe Fragesteller aus dem Publikum Bei einem Unternehmen geht es ja schliesslich um den Einfluss auf das Unternehmensergebnis. In einer Verwaltung oder generell in der Politik stehen einzig Personen im Risiko, die allenfalls ihre derzeitige oder künftige Position gefährdet sehen.

CR Ja, das ist schon korrekt. Ich habe entsprechende Erfahrung bei Mandaten von öffentlichen Spitälern gesammelt. Oft stehen dort Einzelpersonen wie Chefärzte oder einzelne Chirurgen wegen angeblichen Fehlverhaltens im Fokus. In jedem Fall geht es immer um die Reputation, das Vertrauen, welches sowohl bei einem Unternehmen als auch in der Verwaltung oder der Politik das höchste Gut ist.

Frage aus dem Publikum Du hast vorgängig die Zunahme von kommunikativen Krisenereignissen angesprochen. Welches sind aus deiner Erfahrung die Ursachen dieser Zunahme? Und gilt es aus deiner Sicht unterschiedliche Werkzeuge und Massnahmen zu nutzen, wenn sich eine solche Krise überwiegend in den Leitmedien oder aber in den sozialen Medien akzentuiert?

CR Ja, die Zunahme ist sicher auf die sozialen Medien, aber auch auf die sich verändernden ethischen und moralischen Erwartungen zurückzuführen. Als Beispiel nenne ich das allgegenwärtige Thema Wokeness. Eine ungeschickte Aussage kann unabsehbare Folgen haben. Nun muss ich aufpassen, dass ich mich selbst bei diesem Thema nicht zu sehr aufrege. Als öffentliche Person wird einem beinahe schon diktiert, was man noch sagen soll und darf. Ich erinnere mich an einen Kunden, der sich anlässlich einer Weihnachtsfeier im Santa-Claus-Kostüm präsentierte. Ungeschickterweise nahm dabei eine Mitarbeiterin auf seinem Schoss Platz, das vor hundert Leuten und wobei davon auch noch Filmaufnahmen entstanden. Das Ganze entpuppte sich zu einem grossen, medial geführten Skandal, der nur schwer zu bewältigen war. Man muss heute enorm vorsichtig sein. Schon die gemeinsame Benützung eines Aufzugs birgt bei grösseren Unternehmen unkontrollierbare Gefahren. Ich sensibilisiere meine Kunden auf solche Gefahren. Die heutige hohe Sensibilität in der medialen Wahrnehmung und die schnell verbreitete Empörung schafft oder vereinfacht die Möglichkeit, eine exponierte Persönlichkeit anzugreifen. Tritt eine solche Situation ein, wird sich in der Regel niemand für diese Person einsetzen. Alle bekommen Angst und erklären sie direkt oder indirekt für toxisch. Deshalb muss man sich möglichst rasch von ihr trennen, aus Angst, selber in den Fokus zu geraten. Ein Phänomen, das mit der verstärkten Bedeutung von sozialen Medien zugenommen hat. Es entwickelt sich ein sogenannter Shitstorm, der bei entsprechender Stärke auch von den Leitmedien aufgenommen wird.

Frage aus dem Publikum Das neue Mediengesetz ist durch das Referendum vom Stimmvolk abgelehnt worden. Ist das aus deiner Sicht erfreulich?

CR Ja.

Frage aus dem Publikum Es gibt Exponenten, die sich vor die Öffentlichkeit stellen können. Sie haben einen Plan im Kopf und können ihre Geschichte verständlich kommunizieren. Es gibt aber auch andere Personen, die trotz intensivem Coaching in der Öffentlichkeit nicht reüssieren. Wie gehen Sie mit solchen Situationen um?

CR Ich führe in der Regel in Zusammenarbeit mit entsprechenden Spezialisten mit meinen Kunden Medientrainings durch, vor allem für Personen, deren Chance gross ist, in den Medien aufzutreten, ob gewollt oder nicht. Und tatsächlich gibt es Fälle, wenn auch wenige, in denen auch eine solche Vorbereitung keine positive Wirkung zeigt. Das muss man dem Kunden offenlegen. Grundsätzlich sollte man sich jedoch im Umgang mit der medialen Öffentlichkeit schulen lassen. Sehr oft scheitert man vor der Kamera oder dem Mikrofon wegen mangelnder Vorbereitung. Die vorlaufende Beschäftigung mit den möglichen Fragen und den passenden Antworten führt zur notwendigen Sicherheit. Oft unterläuft dem Interviewten vor der Kamera der Fehler, dass er sich vom Journalisten führen lässt und denkt, dass er nur dessen Fragen beantworten dürfe. Viel eher sollte er aber seine, oder die Botschaft des Unternehmens versuchen zu platzieren.

PK *Jede Krise geht auch vorüber. Danach gilt es wieder Kraft zu schöpfen und Neues zu wagen. Aus meiner Sicht sind die entsprechenden Rahmenbedingungen hierzu in der Schweiz im Vergleich mit Beispielen aus dem Ausland eher schwierig. Welche Erfahrungen hast du hierzu gewonnen?*

CR Das ist ein komplexes Thema. Wichtig scheint mir das Bewusstsein, dass es tatsächlich ein Danach gibt. Das grosse Problem ist – ich spreche nun von Krisen von grösseren Ausmassen –, dass die betroffene Person die Krise nicht annehmen will und vielleicht auch nicht loslassen kann. Manchmal ist eine Situation einfach total verfahren, sodass es aus subjektiver Sicht wirklich keinen Abschluss gibt. So fehlt die Kraft, nach vorne zu schauen. Das ist natürlich auch eine enorme, persönliche Herausforderung. Ich erinnere mich an einen Fall, der sich sehr lange hingezogen und enorme mediale Aufmerksamkeit erfahren hat. Die betroffene Person wurde schliesslich auch verurteilt. Jahre später stellte sich heraus, dass eine dritte Person in diesem Zusammenhang gelogen hatte. Das löste bei Betroffenen sofort den Reflex aus, den Gang an die Öffentlichkeit zu suchen, ohne die rechtliche Würdigung der Falschaussage abzuwarten. Ich riet ihm damals dringend davon ab, diese Geschichte wieder aufzunehmen, die Medien hätten das Thema nur wieder aufgewärmt, mit unabsehbaren Folgen. Auch findet die betroffene Person so keinen Weg, die Geschichte ruhen zu lassen und damit abzuschliessen. Es gilt sich besser in dem zu positionieren, was einen im Heute auszeichnet. Eine Rückführung in die Vergangenheit hat keinen Nutzen. Das versuche ich meinen Kunden stets zu vermitteln.

PK *Eine persönliche Frage zum Schluss: Wie gehst du mit der Abgrenzung deiner persönlichen und privaten Beziehungen um? Dein Beruf ist ja damit verbunden, diese Grenze gelegentlich zu verschieben, aber sie auch wieder zu bestimmen. Beschäftigt dich das im Verkehr mit Journalisten, Unternehmen und Persönlichkeiten?*

CR Ja, das beschäftigt mich schon. Ich habe auch das Gefühl, dass mir das recht gut gelingt. Das Problem liegt dabei auch in der öffentlichen Wahrnehmung.

ES IST SCHLIESSLICH EINE GRUNDSATZFRAGE, OB MAN MIT FREUNDEN EINE GESCHÄFTS-BEZIEHUNG EINGEHEN SOLLTE.

Der Vorteil ist, dass es in meinem Metier immer um Vertrauen geht. Das fällt einem einfacher, wenn man sich bereits kennt. Die Gefahr ist, dass notwendige Kritik durch eine private Beziehung erschwert werden kann. Ich habe das Ganze eher umgekehrt erlebt. Eine persönliche Beziehung hat sich aus einer Geschäftsbeziehung entwickelt. Das Umgekehrte gibt es auch. Ich suche das aber nicht.

Frage aus dem Publikum Sind aus Ihrer Sicht die in der Öffentlichkeit exponierten Personen für die damit verbundenen Risiken genügend abgegolten? Ich denke da insbesondere auch an Spitzenkräfte in der öffentlichen Verwaltung.

CR Ja, das ist eine sehr spannende Frage. Bei grossen, börsenkotierten Unternehmen ist das sicher ein Teil, der in die Entschädigungsgrössen einfliesst. In der teilweise durchaus berechtigten Diskussion um überzogene Gehälter geht dieser Punkt aus meiner Sicht oft leicht vergessen. Bei anderen Exponenten ist das nicht der Fall. Im Schadensfall stehen sie auch finanziell vor einer schwierigen Situation. Es besteht auf rechtlicher Basis die Möglichkeit, ein Medienunternehmen dazu zu bringen offenzulegen, welcher Umsatz mit der Thematisierung um eine Person gemacht worden ist und auf dieser Basis Schadenersatz zu verlangen. Das liegt natürlich nicht im Interesse der Medienunternehmen. Es gibt einige Fälle, in denen mit Hilfe dieses Druckmittels einvernehmliche Vereinbarungen getroffen worden sind und so die betroffene Person zumindest zum Teil finanziell entschädigt worden ist.

PK *Eine kurze Frage, die dir ein Schlusswort erlauben sollte: Was bleibt von dem, was du geschaffen hast, wenn du einst auf deine berufliche Arbeit zurückblicken wirst? Was befriedigt dich in deiner Tätigkeit, was macht dir tatsächlich Freude?*

CR Wahrlich eine gute Frage. Eine Komponente, die mir je länger je mehr Mühe bereitet, ist die vorher genannte mediale Nervosität, die vermeintliche Sensibilität, die von mir so wahrgenommene Woke-Kultur. Was mir aber Freude bereitet, ist die Tatsache, dass ich viele Menschen unterstützen konnte, indem ich sie dabei begleitete, das zu erreichen, was sie wollten, oder sie vor Gefahren zu bewahren. Man hat in meiner Funktion Einfluss aus dem Hintergrund – und das gefällt mir.

HANS JÜRG MASSÜGER

Bau-Ingenieur HTL

Welche bleibenden Erinnerungen verbinden dich mit unserem Club?

Sicherlich sind unsere durchgeführten Jugendlager in besonderer Erinnerung
geblieben. Ich habe dort immer in der Küche mitgeholfen.
Wir haben Schulen nach Familien mit Jugendlichen gefragt, bei denen die
finanziellen Verhältnisse keine Ferien zuliessen. In Zusammenarbeit mit der Pfadi
haben wir dies ermöglicht. Als Lions-Organisation haben wir die Infrastruktur,
das Ferienhaus und die Verpflegung zur Verfügung gestellt, während die Pfadi
die Kinder eine Woche lang mit einem bestimmten Thema konfrontiert und
beschäftigt hat. In dieser Woche spürte man, dass wir etwas Sinnvolles tun und
den Jugendlichen helfen können. Ich habe mich drei bis vier Mal bei dieser Activity
engagiert und sie war neben den Ausflügen mit den behinderten Menschen,
welche Geni Peterhans organisiert hatte, für mich die beste Erfahrung.

Was bedeutet dir persönlich die Mitgliedschaft?

Es ist ein Teil meines Lebens, ähnlich wie der Job, meine Hobbies wie Kochen
und Jagen. Das Clubleben ist ein weiterer Punkt meiner Lebensgestaltung.
Für die Pflege von Freundschaften ist es für mich wichtig.

Ich habe festgestellt, dass der Kontakt zwischen den Mitgliedern früher enger
war. Man wusste stets, was den anderen gerade beschäftigte. Je grösser der
Club geworden ist, desto schwieriger wurde dies. Heute ist der Kontakt lockerer
und beschränkt sich auf die Mitglieder, mit denen man gemeinsame Interessen
verfolgt. Ich hatte nie das Gefühl, dass unser Lions Club auf das berufliche
Netzwerk ausgelegt war oder ist. Im Vordergrund steht der kollegiale Austausch
und der Wunsch, Gutes zu tun.

NACH DEM WEGGANG. WO BLEIBT DER MANAGER UND MENSCH?

Lions-Meeting vom 15. November 2022: Gespräch mit André Schläppi

Einordnung und roter Faden

Die Entlassung einer Führungspersönlichkeit aufgrund angepasster Firmenstrategie, vermeintlich erkannter Führungsfehler oder aufgrund von weiteren Differenzen zwischen Verwaltungsrat, Eigner und dem eingesetzten Manager sind häufig objektiv erklärbar und dennoch subjektiv nicht immer leicht zu ertragen. Was passiert mit der entlassenen Führungskraft, wie geht man um mit der geliehenen, nun vergangenen Macht? Ist Bescheidenheit tatsächlich die notwendige Tugend, um mit einem solchen Ereignis souverän umzugehen?
Was geschieht mit dem Selbstwertgefühl? Wie und wann gelingt ein Comeback? Hierzu haben wir mit André Schläppi ein Gespräch führen dürfen.

Pascal Koradi *Du bist im Berner Oberland aufgewachsen und hast eine Lehre als Fernmeldelektroniker absolviert. Existiert diese Ausbildung heute noch?*

André Schläppi Nein, diese Lehre wird heute nicht mehr angeboten. Ich habe meine Lehrzeit als Fernmelde-, Elektronik- und Apparatemonteur vor rund 40 Jahren absolviert. Im ersten Jahr bin ich mit Arbeiten eines Feinmechanikers gestartet. Das genaue Arbeiten, das Feilen stand im Zentrum. Danach habe ich mich drei Jahre mit Elektronik und Telekommunikation beschäftigt. Das hat mich in meiner Jugend befähigt, Mopeds zu frisieren, Lichtorgeln zu bauen oder an Verstärkern zu basteln.

PK *Danach wolltest du wissen, wie die Dinge wirklich funktionieren ...*

AS Ja, danach habe ich mich an der Fachhochschule Biel zum eidg. dipl. Elektroingenieur HTL weitergebildet. Das hat mich schon geprägt. Mit diesem Schritt versuchte ich, das Gebastelte zu optimieren. Ich habe jedoch danach nicht sehr lange im erlernten Beruf gearbeitet. Ich habe nie richtig in der Entwicklung von Baugruppen oder von Soft- bzw. Hardware mitgearbeitet, aber früh Ausbildung im Bereich Digitalisierung betrieben. Ich durfte Personen, welche die Telekom-Netze betreuten, von der analogen in die digitale Welt der sogenannten Digital Switching Systems führen.

PK *Das hast du innerhalb der Siemens-Gruppe getan ...*

AS Das war in der Siemens-Welt. Siemens war früher ein Grossanbieter im Telekombereich. Dabei standen nicht die Endgeräte im Fokus, sondern vielmehr das rückwärtige System, die Übertragungstechnik und die Zentrale. Rund 40 bis 50 Prozent des Schweizer Telekomverkehrs lief damals über den Systemanbieter der Siemens. Zu einem späteren Zeitpunkt hat sich die Siemens-Gruppe von diesem Geschäftsfeld verabschiedet und die entsprechenden Aktivitäten devestiert. Das Letzte, was noch gebaut wurde, war das Daten- und Festnetz der damaligen Sunrise. Damals durfte dank einigen Auslandseinsätzen auch ich die neue Telekom-Welt bei der Sunrise einführen. Sie hiess damals noch New Telco. Das war ein Joint Venture der British Telecom, der UBS und der SBB. Das waren die wilden Jahre der Telco-Branche. 1997 war das Jahr der Liberalisierung, was zu einer eigentlichen Goldgräberstimmung führte. Man konnte erstmals den Telekomanbieter frei wählen.

PK *Danach stand bei dir ein aus meiner Sicht spannender Wechsel an. Als Ingenieur warst du es gewohnt, mit Systemen umzugehen, die bei gegebenem Input verlässliche Resultate lieferten. Hast du dich mit dem System Mensch auseinandergesetzt, in dem diese Regel nicht gilt?*

AS Das ist so. Ich war beruflich viel unterwegs, lange Zeit in Südostasien, wohnte später auch in München, ging wieder zurück nach Thun, um später in den Aargau zu ziehen. Ich kann mich daran erinnern, wie ich mit gemischten Gefühlen an meinem Auto das Berner Nummernschild mit dem aargauischen ausgewechselt habe. Wir wohnen nun seit bald 15 Jahren in Sarmenstorf. Meinen Berner Kollegen muss ich dabei jeweils erklären, wo dieses Dorf oder sogar der Hallwilersee gelegen ist. Einer der vielen Vorteile sind die steuerlichen Verhältnisse. Ich kann mich an ein Schreiben mit dem Titel «Entlassung aus der kantonalbernischen Steuerpflicht» erinnern. Das war im Dezember, nachdem wir im November umgezogen waren. Es war ein erfreulicher Anblick auf meinem Konto, als der bereits bezahlte Steuerbetrag wieder überwiesen war. Im folgenden Januar erhielt ich einen Brief aus dem Kanton Aargau mit dem Satz: «Wir begrüssen Sie im Kreis der aargauischen Steuerzahler.» Das habe ich in guter Erinnerung. Ich wurde zum Personalchef der Siemens CH AG ernannt. Das Unternehmen hatte damals rund 4'000 bis 5'000 Mitarbeitende, 400 Lernende, 13 Berufsbildner und eine zur Hälfte marode Pensionskasse. Mir wurde mit dem Wechsel vom Leistungs- zum Beitragsprimat bei der Pensionskasse eine «typische Ingenieuraufgabe» übertragen.

Dazu wurde ich an den Hauptsitz nach München zitiert. Um es offen zu sagen, damals kannte ich die Unterschiede nicht und die Thematik hatte mich als noch jüngere Person auch wenig interessiert. Ich habe danach gelernt und mich beruflich von der Technologie mehr zum Menschen hinbewegt. Selbstverständlich hatte ich auch viel mit Zahlen zu tun und auch ein grösseres Budget zu verantworten. Allein der monatliche Lohnablauf der Angestellten beinhaltete doch einen erheblichen Liquiditätsabgang. In der Pensionskasse wurden damals CHF 3.5 Mia. Anlagevermögen verwaltet. Der Siemenskonzern zählte rund 400'000 Mitarbeitende und die Siemens Schweiz war damals eine echte Ertragsperle innerhalb der Gruppe. Die Schweizer Einheit der Siemens-Gruppe generierte damals einen Umsatz von rund 2 Milliarden Schweizer Franken. Das war eine grosse Welt, die von einer Corporate-Kultur geprägt war.

PK *Du warst vier Jahre als Personalchef tätig. Wie ging es weiter?*

AS Ich wollte danach wieder mehr innerhalb der Frontorganisation tätig sein. Als Personalchef ist man ja nur intern beschäftigt. Ich war danach verantwortlich für den Gesamtvertrieb an die Grosskunden in der Schweiz. Dazu zählten die grossen Spitäler, Banken und auch die bekannten Pharmafirmen. Sie bezogen verschiedenartige Angebote aus der Siemensgruppe, wobei sie oft mit mehr als sieben Verkäufern der Siemens zu tun hatten. Man versuchte mit dem Vorhaben «Siemens One» diese Leistungen zu bündeln und aus einer Hand anzubieten. Das Ganze ist nach rund eineinhalb Jahren kläglich gescheitert.

PK *Hast du dich um diese Zeit für das Unternehmertum entschieden?*

AS Das müssen wir nun etwas nachbohren. Ich habe in dieser Zeit rund drei verschiedene CEOs erlebt. Der erste hat mich sehr gefördert und mir auch meine Auslandsaufenthalte ermöglicht. Mit ihm hatte ich ein Verhältnis auf Augenhöhe. Mit dem dritten CEO, muss ich ehrlicherweise sagen, gab es irgendwie keine gemeinsame Basis. Im Nachhinein darf ich sagen, dass ich meine Karriere bzw. deren Fortschritte für mich positiv beurteile. Dann kam der Zeitpunkt, als ich mit dem CEO ein Gespräch suchte und kundtat, dass wir einander nicht verstanden. In der nächsten Sparrunde wurde mir gesagt, dass viele Dinge nicht mehr funktionierten. Ich hatte den Spass an der Aufgabe verloren. Irgendwann kam der Zeitpunkt, an dem es zur Trennung kam. Man kann sagen, dass mir gekündigt wurde oder ich selbst diesen Schritt forcierte. Und so kam ich ins Nachdenken, was ich eigentlich tun wollte. Meine Karriere hatte sich beinahe von selbst entwickelt. Ich war im Ausland gewesen, hatte mich mit einem MBA weitergebildet. Stets wurde mir auch mehr Verantwortung übertragen. Aber danach gelangte ich an einen Punkt, an dem ich spürte, dass das nicht mehr richtig funktionierte. Die Frage, was man eigentlich will, ist keine gute Frage für einen Ingenieur. Als solcher ist man gewohnt, Probleme zu lösen und zuerst darauf zu fokussieren, was überhaupt die zu lösende Problemstellung ist. Ich war damals beauftragt, Neu- und Austretende in der Siemens CH zu begleiten. Es waren das rund 1'200 Personen, die neu zum Unternehmen stiessen, und rund 700, die es wieder verliessen. Damit beschäftigte ich mich im grossen Rahmen. Ist man selbst davon direkt betroffen, ist die Situation dennoch anders, vergleichbar wie der Umgang mit dem Unterhemd und dem Kittel. Ich durfte beziehungsweise musste mich selbst neu orientieren, eine berufliche Neuorientierung angehen. Ich meldete mich also bei Herrn Grass. Sein Name war als Geheimwaffe bekannt. Er hatte ein Unternehmen gegründet, das sich um Menschen kümmerte, die nach einer Neuorientierung in ihrem beruflichen Werdegang suchten. Ich kannte es bereits auch aus Situationen, in denen ich selbst mit Personen aus der Siemens-Gruppe konfrontiert war, die ihr Unternehmen verlassen mussten. Falls jemand aus dem mittleren oder oberen Kader die Stelle verlor, war es damals bei Siemens üblich, diesen Menschen einen Coach zur Verfügung zu stellen, der ihnen bei der beruflichen Neuorientierung half.

PK *Wurde das damals schon als «Outplacement» bezeichnet?*

AS Ja, das hat man schon damals so genannt. Das Programm und Herr Grass waren mir damals auch schon bekannt. Ich kann mich noch gut daran erinnern, Herrn Grass telefonisch kontaktiert und ihm mitgeteilt zu haben, dass ich seine Dienste wieder benötigen würde, es diesmal jedoch um mich selbst ginge.

PK *Wenn man sich erstmals mit dem Begriff Outplacement beschäftigt, scheint man sich beinahe mit einem Thema aus der Biologie oder Zoologie auseinanderzusetzen. Geht es hier um eine Art Auswilderung?*

AS Die Frage ist doch, wie es zu diesem Begriff gekommen ist. Die Idee dahinter ist US-amerikanisch und hat ihre Ursprünge im Apollo-Programm. Nach der absolvierten Mondlandung hatte man rund 12'000 hoch spezialisierte Techniker, Ingenieure und Wissenschafter mit entsprechenden Fähigkeiten, die ein erfolgreiches, langjähriges Milliardenprojekt stemmen durften. Aber danach brauchte es sie einfach nicht mehr. Damals entstand der Grundgedanke des «Out- oder New-Placements», der Idee, dass die Reise extern weiter gehe. Erste Ansätze gab es jedoch bereits nach dem 2. Weltkrieg, als die Soldaten von Übersee in die USA zurückkamen. Sie hatten militärische Spezialkenntnisse und es galt, diese Menschen wieder auf den zivilen Arbeitsmarkt vorzubereiten. Der langen Rede kurzer Sinn, ja, damals war das Outplacement bereits etabliert. Ich selbst hatte eine gute Karriere gemacht und war danach mit einer ganz neuen Ausgangslage konfrontiert. Ich fragte mich, ob ich Existenzängste hatte, ob ich persönlich versagt hatte und auch, was ich eigentlich wirklich wollte. Man kann das vermeintlich einfach beantworten und einfach tun, was man gut und gerne macht. In dieser Situation ist man oft und insbesondere als Mann damit konfrontiert, dass man das eigentlich nicht genau weiss. Man tut es einfach. Das war auch bei mir der Fall. Gegen Ende 2008 war ich damit konfrontiert, dass ich mich in meiner damaligen Funktion als Nr. 3 in der Siemens-Organisation Schweiz nicht mehr mit meinem CEO verstand. Ich fühlte mich unwohl und so kam es dann in der Folge zur Trennung.

PK *Damals hattest du bei Herrn Grass um ein Glas Milch gebeten, um danach die ganze Kuh zu kaufen. Wie lief das Ganze schliesslich ab?*

AS Ja, ich kannte das Unternehmen Grass & Partner AG in meiner Rolle als Personal-chef bei Siemens und vergab als Auftraggeber sehr oft Mandate. Nun ging es um mich persönlich. Ich kann mich noch gut daran erinnern. Ich hatte das ganze Programm absolviert und sehr viel über mich erfahren. Da kam Herr Grass, wir – hatten uns noch gesiezt – und sagte zu mir, dass er jemanden mit meinem Profil bei ihm auch gut brauchen könne. Damals hatte ich bereits eine berufliche Position in der Geschäftsleitung eines grossen, bekannten Unternehmens in Aussicht. Der entsprechende Verwaltungsrat war bereist avisiert und die Chancen waren gut, dass ich die Funktion übernehmen konnte. Aber ich sagte, auf die blauen Augen von Herrn Riet Grass vertrauend, jene Offerte ab und startete bei ihm. Das Gehalt war deutlich niedriger. Aber es machte mir Spass und es entwickelte sich ja positiv.

PK *Wir sprechen nachher noch von deiner heutigen Funktion beim Unternehmen Grass & Partner. Wer ist der Auftraggeber der Mandanten, die du heute persönlich betreust? Ist das der Arbeitnehmer, der seinen Job aufgegeben hat bzw. aufgeben muss, oder das Unternehmen, das keine Risiken betreffend seine Reputation eingehen möchte?*

AS Es sind beide. Wir begleiten jährlich in 6 Niederlassungen mehrere 100 Menschen in der ganzen Schweiz. In der Regel werden wir vom Geschäftsführer oder HR-Chef kontaktiert, der uns darüber informiert, dass man sich von Frau Müller oder Herrn Meier trennen möchte und unsere Unterstützung benötige. Das gilt zu 70 bis 80 Prozent als der Normalfall. Die am stärksten wachsende Kundengruppe sind jedoch Menschen, die uns persönlich aufsuchen. Sie tun kund, dass es ihnen in ihrem beruflichen Umfeld nicht mehr wohl ist. Dennoch möchten diese Personen nicht einfach ihr Arbeitsverhältnis kündigen, sondern wollen sich entsprechend vorbereiten. Sie haben sich schon längere Zeit nicht mehr einem Bewerbungsprozess gestellt oder fühlen sich in ihrer künftigen beruflichen Ausrichtung noch unsicher. In diesem Fall ist dem derzeitigen Arbeitgeber die Kontaktnahme des Arbeitnehmers nicht bekannt. Ein anderer Fall sind Menschen und dabei vorwiegend Frauen, die uns sehr frühzeitig ohne grossen Leidendruck kontaktieren, um eine berufliche Orientierung zu prüfen. Meine Erfahrung zeigt mir, dass Frauen auf ihrem beruflichen Lebensweg viel reflektierter unterwegs sind. Ein Mann kommt erst zu uns, falls bereits die Kündigung droht, er kaum mehr schlafen kann oder von seiner Lebenspartnerin dazu aufgefordert wird. Oder unsere Dienstleistungen werden von jemanden nachgefragt, der bereits im gekündigten Arbeitsverhältnis steht und im Aufhebungsvertrag mit dem Arbeitgeber vereinbart hat, dass er eine Outplacement-Beratung in Anspruch nehmen kann.

PK *Nun hat sich deine Rolle beim Unternehmen Grass & Partner verändert. Du hast die Führung über das Unternehmen, das in der Schweiz eine marktführende Stellung für Outplacement-Beratung innehat, jüngst abgegeben.*

AS Ja, das war eine wichtige Sache für mich. Ich bin ungefähr im Jahr 2009 als Berater eingestiegen und habe dabei auch von meiner eigenen beruflichen Trennungsgeschichte profitiert. Ich habe viele Menschen betreuen und relativ bald die Leitung der Geschäftsstelle Zürich übernehmen dürfen. Irgendwann rückte ich zum Stellvertreter von Riet Grass auf. Er ist heute 75 Jahre alt. Im Jahr 2014 kaufte ich mit zwei Kollegen das Unternehmen. Ich stieg somit auch finanziell ein und musste mich dazu verschulden wie nie zuvor in meinem Leben. Das war nie mein Plan gewesen. Aus einem grossen Industrieunternehmen kommend, waren wir nun unmittelbar mit einem KMU mit rund 25 bis 30 Leuten beschäftigt. Das war eine total andere Welt. Man ist nun selbst als Unternehmer verantwortlich, von der Bezahlung der Löhne der Angestellten bis zur Bereitstellung der IT-Hardware. Diesen Sommer haben wir, da ich ja auch schon bereits 60 Jahre alt bin, die nächste Generation in die Führung von Grass & Partner nachgezogen, den Geschäftsstellenleiter von St. Gallen und zwei Kollegen, die extern zu uns gestossen sind. So ist nun die 3. Generation am Ruder. Ich selbst versuche mich zurückzuhalten, bin auch nicht mehr im Aktionariat und im Verwaltungsrat vertreten. Wir haben hier einen klaren Schnitt gemacht. Aber ich bin nach wie vor als Arbeitnehmer für das Unternehmen tätig. Ich betreue weiterhin meine Mandate und begleite zurzeit rund 15 Personen. Dabei handelt es sich um höhere Kader, CEOs, CFOS und Verwaltungsräte. Das sind zum Teil Personen, die in der Öffentlichkeit recht bekannt sind. Vielen Mandanten geht es sehr gut, andere leiden unter der Situation mit dem drohenden oder bereits eingetretenen Jobverlust.

PK *Du bist nun der Erste am Buffet. Du kannst wählen, welche Mandate du übernehmen möchtest. Welches sind deine Auswahlkriterien?*

AS In erster Linie muss ich ein entsprechendes Interesse bei mir selbst spüren. Ich habe das sehr grosse Privileg, durch meine Tätigkeit mit sehr vielen äusserst interessanten Menschen Bekanntschaft zu machen. Sie sind sehr oft mit einer schwierigen Situation in ihrem Leben konfrontiert. Es geht ihnen dabei meisten nicht sehr gut und ich darf sie über mehrere Monate, oft ein bis zwei Jahre bis zur nächsten anstehenden Herausforderung begleiten. So geht es ihnen oft deutlich besser. Diese Tätigkeit empfinde ich als schön und bereichernd. Das tue ich sehr gern. Ich wähle meine Mandate nach interessanten Menschen und durchaus herausfordernden, schwierigen Situationen. Unserem Unternehmen geht der Ruf voraus, dass wir nach anspruchsvollen Mandaten Ausschau halten und sie wie von uns erwartet auch gut bewältigen.

PK *Bist du meistens mit einem 08/15-Typ konfrontiert, wenn du die Türe im konkreten und übertragenen Sinne öffnest und einem Manager gegenüberstehst, oder sind Führungspersönlichkeiten einzigartige Charaktere?*

AS **08/15-TYPEN GIBT ES NICHT. MANAGER UND FÜHRUNGSPERSÖNLICHKEITEN SIND PER DEFINITION SCHON EIN WENIG ANDERS GEARTET.**

Es sind Menschen mit einer individuellen Sicht auf das Leben. Sie sind aktiver, hinterfragen mehr und treiben mehr an als der Durchschnitt, oft auch sehr neugierig und bis ins hohe Alter intellektuell enorm leistungsfähig. Uns alle beschäftigen zwei grundlegende Bedürfnisse: Wir wollen geliebt und gebraucht werden. Das Gefühl, dass man plötzlich nicht mehr gebraucht, auch geliebt wird, schmerzt als Verlust enorm. Managerinnen und Manager sind diesbezüglich exponiert und haben dazu eine deutlich erhöhte Disposition. Menschen dieser Personengruppen möchten gestalten und etwas bewirken.

PK *Ist dieser Gestaltungswille immer konstruktiv?*

AS Nein. Sehr oft reagiert ein Manager bei einem Jobverlust mit Verdrängung, bis die Situation überhandnimmt und man schlicht alles in Frage stellt. Sehr oft ist eine Trennung ja auch in dem Umstand begründet, dass zwei Alphatiere auf der höchsten Führungsstufe sich nicht (mehr) verständigen können. Das kann auch toxische Ausmasse annehmen, wie ich das zu vielen Unternehmen aus Berichten der medialen Öffentlichkeit, Besprechungen mit meinem beruflichen Umfeld sowie Schilderungen meiner Mandanten erfahren habe.

PK *Das liegt aber nicht in deiner Hand, vielmehr fokussierst du dich auf deinen Mandanten. Wie misst du dabei den Erfolg deiner Arbeit? Ist das immer eine Wiederanstellung oder kann das auch etwas ganz anderes sein?*

AS Ja, wir visieren in den meistens Fällen wieder eine sinnstiftende, erfüllende Beschäftigung an. Das ist nur grob umschrieben. Dabei kann es sich um eine Festanstellung, um ein Ad-interim-Mandat, um den Weg in die Selbständigkeit, ins Unternehmertum oder auch um eine Tätigkeit als Verwaltungsrat handeln. Das ist abhängig vom Interesse und der Flughöhe des Mandanten. Die Ziele sind nicht immer einfach definierbar. Es ist auch möglich zu vereinbaren, dass die betroffene Person die Situation zunächst akzeptieren und sich möglichst weit auffangen sollte, um wieder offen für andere Angebote zu sein.

PK *Ist das auch die Art, wie du deinen persönlichen Erfolg bei deiner Tätigkeit misst?*

AS Wir haben natürlich diesbezüglich unsere Metrik. Unsere Statistik nennen wir unsere durchschnittliche Landezeit, das heisst, wie lange es geht, bis jemand, der bei uns unsere Dienstleistungen nachfragt, wieder einen Job ausführen kann. Diese Kenngrösse ist aber nicht besonders aussagekräftig, weil in dieser Zahl viele Personen mit unterschiedlichsten Profilen berücksichtigt werden. Für mich persönlich ist es meistens so, dass ich am Ende eines Mandats mit der jeweiligen Person nochmals ein Essen vereinbare, während dem wir das Geschehene reflektieren. Dabei stellt man immer wieder Dinge fest, die man weiter anpacken sollte, aber auch andere für die Person passend adressierte Themen.

PK *Du hast vorher erwähnt, dass du dich vor allem für besonders herausfordernde Mandate interessierst. Wie sähe ein Worst-Case-Mandat aus, das du dir vorstellen müsstest?*

AS Ich habe derzeit gerade ein paar Mandate dieser Sorte. Das muss man sich wie folgt vorstellen: Ein neuer Aktionär oder eine neue Verwaltungsratspräsidentin stösst zu einem Unternehmen, es vergehen nur Stunden oder Tage und es geschieht bereits eine äusserst unsaubere Trennung von diesen Spitzenkräften. Das habe ich selbst auch schon mehrmals miterlebt, sehr unschöne, ja hässliche Situationen wie Kündigungen per Kurznachricht oder Entlassungen, die über Drittpersonen übermittelt werden. Gerade jüngst erlebte ich einen Fall mit, als ein Spitzenmanager von der Konzernzentrale ein knapp 3 Minuten dauerndes Telefonat erhielt, in dem ihm mitgeteilt wurde, dass man künftig ohne ihn plane. Das war für ihn ein grosser Schock, insbesondere auch die Art und Weise der gewählten Kommunikation. Es geht hier schliesslich um Wertschätzung. Ich komme dabei nochmals auf meine vorher geäusserte Sicht betreffend den Charakter eines Managers zurück. Sehr oft sind das sehr aktive Menschen, die meistens auf der Gewinnerseite stehen und eine entsprechende Karriere absolviert haben. Und nun erhalten diese Menschen einen wahren Nackenschlag und müssen oft auch noch vor die Medien und Investoren treten, um ihren Abgang bekannt zu geben. Dabei bin ich zusammen mit meinen Kollegen von der Kommunikation gefordert, meinen Mandanten so weit vorzubereiten, dass er dieses Schauspiel passabel durchsteht. Das geht auch mir sehr nahe und können sehr schwierige Konstellationen sein.

Frage aus dem Publikum Ich habe schon mehr als einmal den Fall erlebt, dass Dinge, die einen Menschen bereits latent bewegt haben, akut werden, sobald die berufliche Stellung wegbricht. Das Schlimmste, um dein Wort zu nutzen, tritt ein, wenn man nicht mehr gebraucht und geliebt wird. Oft geht auch noch die Beziehung in die Brüche, meistens davon begleitet, dass auch der Ehepartner den Zugang zu den mit der beruflichen Stellung verbundenen Privilegien verliert. Wie gehst du mit einer solchen Situation um?

AS Das ist ein ganz grosses Problem. Ich denke dabei an einen Manager mit einem hohen Bekanntheitsgrad in den Kreisen der Gesellschaft von Zürich. Für ihn lagen die Dinge so, dass er ein Abkommen mit seiner Partnerin hatte, das nicht auf einer liebevollen Beziehung aufbaute. Er war für die Generierung der finanziellen Einnahmen zuständig, die Frau pflegte den sozialen Status des Paars. Zwei Wochen nach Verlust der Stelle eröffnete sie ihm, dass die Vereinbarung so nicht mehr gelte und sie sich somit verabschiede. Eine solche Situation bezeichne ich als Mehrfachbaustelle. Falls ein Jobverlust unter solchen Bedingungen eintritt, wird alles natürlich sehr viel schwieriger. Ist die Beziehung, die schon vorher nicht glücklich gewesen ist, unmittelbar gefährdet, wird auch das soziale Umfeld instabil. Hier muss ich mich in meiner Funktion jeweils auch ein wenig abgrenzen, da ich ja nicht als Paartherapeut arbeite. Das kommuniziere ich auch und vermittle im Bedarfsfall auch eine Fachperson. Ich kann mich erinnern, dass ich einst bei einem Mandanten aus einer Grossbank einen Anruf seiner Ehefrau mit der Aufforderung bekommen habe, mit ihrem «alten» Angetrauten einmal Tacheles zu reden.

PK *Die Grenzen als Coach zu definieren scheint mir hier jedoch nicht immer einfach. Individual-psychologisch möchtest und kannst du dich nicht einbringen und kannst das Ganze allenfalls aus systempsychologischer Sicht einordnen.*

AS Unter uns gesagt, kommt man in vielen Situationen unter Nutzung des gesunden Menschenverstands, eines anständigen Umgangs miteinander und mithilfe eines positiven Menschenbildes schon relativ weit. Auch habe ich neben meiner Ausbildung zum Ingenieur auch zwei Semester Psychologie studiert. Damals war mir dieses Fach etwas fremd, aus heutiger Sicht hat es mir doch etwas genützt. Ich frage mich stets, wo ich jemand mit meinen Kompetenzen substanziell unterstützen kann und wo tatsächlich andere Fachleute benötigt werden. Das hängt auch mit der Einschätzung der Persönlichkeitsstruktur des Mandanten ab. Bei so vielen betreuten Personen hat man es manchmal auch mit narzisstisch veranlagten, toxischen Charakteren zu tun, mit Menschen, die einem schlicht Unwahres erzählen. Das kann dazu führen, dass die Zusammenarbeit beendet wird.

PK *Wie gehst du mit dem persönlichen, sozialen Umfeld deiner Mandanten um? Beziehst du es ein und wie tust du das?*

AS Das geschieht fallweise. Ich tue das, wenn ich zur Einschätzung gelange, es wäre im Sinne einer kompletten Umfeldanalyse gut. Sehr oft frage ich auch nach einer Vertrauensperson im Unternehmen des ehemaligen Arbeitgebers. Oft ist das der HR-Leiter oder eine Person auf der gleichen Führungsebene. Diese versuche ich für gewisse Themen auch einzubinden. So erlange ich eine zusätzliche Sichtweise.

PK *Nun haben wir glücklicherweise in unserer fortschrittlichen Gesellschaft auch mehr Frauen in Führungsfunktionen. Gibt es aus deiner Sicht in der Verarbeitung eines Verlustes einer Top-Funktion Unterschiede zwischen den Geschlechtern?*

AS Es gibt es sehr grosse Unterschiede. Frauen agieren sehr viel reflektierter. Das kann ich aus meiner eigenen Tätigkeit bestätigen und gleiche diese Erfahrung auch oft mit meinen Berufskollegen ab. Frauen gehen in der persönlichen Analyse oft viel tiefer und trauen sich, schwierigere Themen anzugehen. Hierin grenzen sich Männer oft schneller ab. Der Klassiker ist sicher, dass Frauen anders verhandeln, wenn es um ihre eigene Person geht. Falls eine Frau mit einem Profil für eine künftige Stelle konfrontiert wird, fokussiert sie im Gegensatz zu ihren männlichen Mitbewerbern meistens auf die Punkte, die sie noch nicht erfüllt. Das gilt es umzudrehen, da der Arbeitsmarkt nun einmal anders funktioniert. Unabhängig ob das gut oder schlecht ist, würde man mit dem Fokus auf seine Lücken den Zuschlag für die Stelle nicht erhalten. Ja, es gibt grössere Unterschiede. Das ersehe ich auch aus den verschiedenen Persönlichkeitstests, die unsere Mandanten absolvieren. Darin fallen doch gewisse Datenpunkte deutlich unterschiedlich aus.

PK *Muss man selbst eine Managerkarriere absolviert haben, um deinen Job auszuüben?*

AS Mittlerweile sage ich ja. Auch wenn man nicht in allen Branchen persönliche Erfahrungen gewonnen hat, kann man durch die eigene Ergebnisverantwortung in verschiedenen Funktionen den damit verbundenen Druck besser nachvollziehen. Das erlaubt einem anders darüber zu erzählen, als wenn man nur davon gelesen hätte. Ich neige dazu zu behaupten, dass hier Lebenserfahrung in der Führung und bei strategischen Überlegungen hilft.

PK *In welchem Verhältnis steht dein persönlicher Erfahrungsschatz zum Komplex des Scheiterns und dessen Kultur? Die Menschen, die du betreuen darfst, sind ja oft womöglich zu ersten Mal richtiggehend gescheitert. Wie gehen deine Mandanten damit um und wie reagiert das jeweilige Umfeld?*

AS Auch hier gibt es wiederum deutlich Unterschiede zwischen Frau und Mann. In der Vergangenheit war der erste Bruch im Leben eines Mannes oft die Pensionierung. Vorher hatte man(n) einfach gearbeitet und Karriere gemacht, oft noch stets im gleichen Unternehmen. Bei Frauen war das anders. Sie arbeiteten, zogen Kinder gross und traten danach wieder in den Arbeitsmarkt ein. Frauen mussten sich stets wiederum neu positionieren. Das war eine andere Ausgangslage. Nun habe ich deine Frage jedoch noch nicht beantwortet …

PK *Ich wollte von dir erfahren, was du uns zur Kultur des Scheiterns mitgeben kannst …*

AS Früher stark ausgeprägt, heute ein wenig abgeschwächt, haben Männer ihr Scheitern mit persönlichem Versagen gleichgesetzt. Heute dominiert eine Sicht der Multioptionalität. Das negative Stigma des Outplacements als eines Karrierebruchs hat sich entschärft.

Derzeit ist allgemein akzeptiert, dass man in gewissen Situationen einen Coach beizieht. Interessant ist auch der Vergleich mit anderen Kulturen. Ich darf in meiner Tätigkeit auch Klienten aus den USA, aus England, aus China oder Russland betreuen. Für US-Amerikaner ist es sogar Teil einer erfüllten Karriere, dass man auch einmal von einem Konkurs betroffen war. Dazu wird auch mit einigem Stolz erklärt, was man dabei alles gelernt habe. Wir Schweizer haben dazu eine völlig andere Sicht. In diesem Punkt ist sicher ein Transformationsprozess im Gange. Es ist eine Frage der Generation. Die jüngeren Führungspersönlichkeiten haben hierzu bereits einen anderen Zugang.

PK *Was hat sich in dieser Sache grundlegend verändert, wenn du das heute von deinem gesamten beruflichen Horizont aus, also nicht nur von deiner Phase als Coach und Eigentümer der Grass & Partner Unternehmen her, sondern auch von deiner Zeit als Personalchef und Führungspersönlichkeit bei der Siemens-Gruppe aus überblickst?*

AS Heute ist es allgemein etabliert, dass man sich bei Fragen zur eigenen Persönlichkeit oder zu beruflichen Situationen einen Coach zur Seite stellt. Das war früher eher eine verdeckte Praxis. Diese Entwicklung ist durch den Leistungssport vorangetrieben worden. Jeder Sportler hat heute einen Mentaltrainer. Das etabliert sich auch in der Managergilde.

PK *Frage an den im Publikum anwesenden Sepp Zellweger: Hast du zur Zeit deiner aktiven Karriere als Spitzensportler auch bereits einen Mentaltrainer gehabt?*

Sepp Zellweger Wir waren zu unserer Zeit diesbezüglich noch sehr amateurhaft unterwegs. Der Professionalisierungsschub fand erst Ende der achtziger Jahre statt. Aber es ist ein guter Vergleich. Die vorherige Aussage, dass die eigene Erfahrung für das Kompetenzprofil eines Coaches wichtig sei, kann ich nur bestätigen. Wer Olympiasieger oder Weltmeister war und zugleich auch Brüche auf seinem Weg erleben musste, hat in meiner Einschätzung ganz einfach eine andere Ausgangslage. So ist es für den Mandanten einfacher nachvollziehbar, dass man nach dem Scheitern tatsächlich wieder aufstehen kann, um noch höhere Ziele anzustreben und zu erreichen. Du musst zuerst ins Tal schreiten, wenn du später einen noch höheren Berg erklimmen möchtest.

PK *Ich habe dich zu Beginn auf dein Denken als Ingenieur angesprochen. Das ist wohl Fluch und Segen zugleich. Nun bist du in deiner Tätigkeit mit vielen sogenannt weichen Faktoren konfrontiert.*

Ist das eine Herausforderung für dich?

AS Ja, teilweise. Das Denken als Ingenieur kann helfen, eine klare Ausgangslage aufzuzeigen. Das Interesse am Menschen steht jedoch im Vordergrund. Ingenieure drängen stets auf die Lösung hin. Wir versuchen mit unserem Coaching nicht einfach eine dargebotene Hand zu sein, was aber nicht despektierlich gemeint ist. Wir wollen für unsere Klienten nicht einfach nur Empathie aufbringen. Nein, man will auf ein gemeinsames Ziel hinarbeiten, das es mit Arbeit zu erreichen gilt. Dazu gehört auch die Bearbeitung der sogenannt weichen Themen, meistens des grösseren Teils.

Frage aus dem Publikum *Ich gehe davon aus, dass die meisten Klienten schliesslich in der Privatwirtschaft eine Wiederanstellung finden. Gibt es auch Personen, die zur Verwaltung wechseln?*

AS Ja, das gibt es durchaus. Wir dürfen derzeit ein Bundesamt in der Gesamtheit betreuen. Dieses befindet sich in einem Transformationsprozess. Unsere Niederlassung in Bern hat sehr viele Aufträge aus der kantonalen und eidgenössischen Verwaltung.

Frage aus dem Publikum Sie haben eingangs berichtet, dass Sie das Unternehmen Grass & Partner Schritt für Schritt der nächsten Generation übergeben hatten. Haben diese Personen genügend persönliche und berufliche Erfahrung, die geforderten Beratungsleistungen zu erbringen? Ist der dazu notwendige Rucksack genügend gefüllt?

AS Grundsätzlich bleiben ja alle Mitarbeitenden im Unternehmen. Und auch die neuen Führungspersonen verfügen über die notwendige Erfahrung. Das war uns schon wichtig. Das wäre nun ein weiteres Thema. Denn die Regelung der Nachfolge in einem KMU ist schwierig zu treffen. Man muss jemanden finden, der das möchte, der das kann und über das entsprechende Kapital verfügt. Mit dieser Frage könnte man einen ganzen Abendanlass füllen. Ja, es hat uns beschäftigt. Und ich selbst bin ja weiterhin an Bord und dabei, aber auch nicht der Einzige.

PK *Ein kleines Schlusswort von dir: Wie sollte das Resultat ausfallen, wenn du heute auf dein berufliches Wirken zurückschaust und du dir wünschen könntest, wie dein Team deine Leistung einschätzt?*

AS FALLS MAN ZUR EINSCHÄTZUNG GELANGEN WÜRDE, DASS ICH MENSCHEN GERN GEHABT HATTE, WÄRE MIR DAS WICHTIG.

Jemanden zu helfen, wieder leistungsfähig zu sein und wieder Freude am Leben und an einer weiteren Tätigkeit zu haben, das ist eine schöne Aufgabe. Ich habe dabei einige Menschen begleiten dürfen. Daraus habe ich auch persönlich viel Kraft geschöpft. In vielen Unternehmen, das gilt weniger für KMU, ist die Sinnhaftigkeit des eigenen Tuns nicht gegeben. Oft bin ich mit Klienten konfrontiert, die mir berichten, dass sie nicht für das, was sie können, sondern vielmehr für das, was sie aushalten, ihren Zahltag erhalten. Ihre Tätigkeit erschöpft sich im Ausfüllen von Berichten, die niemand interessieren oder niemandem etwas bringen. Dabei handelt es sich um hochbezahlte Spezialisten, die bei ihrer Tätigkeit einen äusserst lieblosen Umgang erfahren. Warum existieren heute ganze Buchreihen über die Sinnhaftigkeit einer beruflichen Tätigkeit? Ich kann diese Frage für mich persönlich sehr positiv beantworten. Mir begegnen viele Menschen, die mir berichten, dass sie bei Grossfirmen nicht glücklich sind, oft darüber frustriert, dass sie bei ihrer gegenwärtigen Tätigkeit wenig bewegen können. Von den KMUs werden unsere Dienstleistungen meistens in Anspruch genommen, wenn der Patron sich aus mannigfaltigen Gründen von einer Spitzenkraft trennen will. Oft berichtet uns der Patron, dass er über längere Zeit nicht gut geschlafen habe, da er schlicht nicht wisse, wie es mit dem Angestellten, der ihn über zwanzig Jahre unterstützt habe, weitergehen soll. Er habe zwar stets gute Leistungen erbracht, aber nun sei einfach der Zeitpunkt gekommen, an dem der gemeinsame Weg nicht mehr fortgesetzt werden könne. Es fragt sich, ob man das noch ein paar weitere Jahre durchstehen soll. Das wäre jedoch für beide Seiten keine erfreuliche Perspektive, da beide Parteien leiden. Falls ich behaupten darf, in solchen schwierigen Situationen tatsächlich geholfen zu haben, macht mich das stolz. Ich nehme das Bild von vorhin gerne auf. Falls ich als Bergführer in Erinnerung bleibe, der geholfen hat, das dunkle Tal zu durchschreiten, um den nächsten Gipfel zu erklimmen, fände ich das schön.

SIMON MEIER

Leiter Portfoliomanagement / CFO

Welche bleibenden Erinnerungen verbinden dich mit unserem Club?

Es sind die Activities unter uns Lions-Freunden, bei denen Einsatz, Spass und Sinnhaftigkeit vereint werden. Dabei spielen für mich der jährlich durchgeführte Käseverkauf, das Jass-Turnier im Alters-/Pflegeheim und die Support-Activities für soziale Institutionen eine relevante Rolle.

Was bedeutet dir persönlich die Mitgliedschaft?

Mich gemeinnützig zu engagieren oder an den Meetings mit LC-Freunden angeregt zu diskutieren, ist für mich eine willkommene Abwechslung im Arbeitsalltag. Unser Zusammensein im LC erweitert den Horizont und die Activities entfalten am richtigen Ort in der Gesellschaft effektive Wirkung, was ich als sehr sinnvoll erachte.

ANDREAS NÄGELI

Direktor

Welche bleibenden Erinnerungen verbinden dich mit unserem Club?

Es ist die Offenheit, mit der ich aufgenommen wurde, als ich vom LC Sursee übergetreten bin.

Verschiedene gelungene Meetings, mit interessanten Persönlichkeiten, die ich kennenlernen durfte, sind für mich in besonderer Erinnerung.

Insbesondere zwei Activities bleiben mir im Gedächtnis: das 30-jährige Jubiläum mit der Veranstaltung in der alten Schmiede sowie mein Besuch bei der von uns unterstützten Bergbauernfamilie Kempf im Isenthal.

Auch mein eigenes Präsidentenjahr ist mir geblieben, mit viel Gestaltungsmöglichkeiten, der Gelegenheit, mich persönlich zu zeigen und einem erfreulichen Resultat bei der Präsenz und den Rückmeldungen.

Was bedeutet dir persönlich die Mitgliedschaft?

Für mich bedeutet die Mitgliedschaft regelmässig positive Begegnungen mit interessanten Menschen, die Pflege von Freundschaften und Inspiration. Besonders inspiriert fühle ich mich, wenn es darum geht, sich mit der Situation weniger privilegierter Menschen zu befassen und nach eigenen Möglichkeiten zu helfen.

Mit der Mitgliedschaft setze ich auch ein Zeichen, dass ich mich zu den Werten der Lions-Bewegung bekenne und mit für ihre Ziele einsetze.

GROSSES KINO, GROSSE LIEBE. WIR SPRACHEN AM VALENTINS-TAG ÜBER GROSSE GEFÜHLE UND IHRE VERGÄNGLICHKEIT.

Lions-Meeting vom 14. Februar 2023: Gespräch mit Michael Spindler und Alexandra Sterk

Einordnung und roter Faden

Am Valentinstag, dem 14. Februar 2023, haben wir Michael Spindler zu einem Gespräch im Kinosaal des Kinos Sterks in Baden getroffen. Neben seinem künstlerischen Schaffen begleitet der Filmemacher heute Menschen als Berater im psychosozialen Bereich. Seine Gabe, mit Menschen in Beziehung zu treten und ihren Schein mit ihrem Sein in Verbindung zu bringen, ist dabei sein wichtiges Werkzeug. Gastgeberin war Alexandra Sterk, Kinounternehmerin und Einwohnerrätin aus der Stadt Baden.

Unser Gespräch war umrahmt von Beiträgen aus dem reichen filmischen Werk von Michael. Im Zentrum stand das mehrmals international ausgezeichnete, 20-minütige Stadtporträt «Baden – MenschenStadtGeschichten». Michael hat hier in den Jahren 2011 bis 2013 ein filmisches Kunstwerk über Menschen, ihre Geschichten und Emotionen geschaffen. Einheimische und Gäste erzählen ihre berührenden, ganz persönlichen Erlebnisse und zeigen, was Baden für sie ausmacht.

Pascal Koradi *Wenn man über dich im Internet googelt – was man heute so tut – findet man unter deiner Berufsbezeichnung «Dipl. Berater im psychosozialen Bereich». Ich habe dich als äusserst kreativen Menschen kennengelernt. Wie passt das zusammen, Filmer und diplomierter Berater?*

Michael Spindler Im ersten Moment passt das wirklich nicht so ganz zusammen. Es gibt unterdessen noch zwei neue Bezeichnungen. Ich bin auch als Traumatherapeut tätig. Ursprünglich komme ich aus der Fotografie und vom Film. Ich bezeichne mich deshalb auf meiner Filmwebseite als «Multidirectional Creative». Das führt zusammen, dass ich mich in ganz unterschiedlichen Sparten betätigt und weitergebildet habe. Für mich selbst ist das eine grosse Bereicherung und weitet mein Tätigkeitsfeld aus.

PK *Der erste Film, den wir uns gemeinsam angeschaut haben, heisst Sibila. Das ist eine Figur aus der griechischen Mythologie. Das hast du mir gesagt, ich hätte es nicht gewusst …*

MS Hat man auch mir gesagt.

PK *Aber eigentlich geht es um die Tanzgruppe Flamenco en route. Die Handlung dreht sich um Gefühle, um Liebe, die du über diesen Film vermittelst. Wie ist es dazu gekommen?*

MS Das ist ja eine Folge aus der Geschichte des Films zur Stadt Baden. Darüber hatte ich damals Kontakt mit Flamenco en route. Der Film «Sibilia» handelt von einer spanischen Tanzgruppe, die zusammen mit Flamenco en route dieses Programm entwickelt hat. Dahinter steht ein spanischer Choreograf, mit dem ich in Kontakt gekommen bin. Er hat mir mitgeteilt, dass er etwas Filmisches haben müsse, um es zu vermarkten. Ich habe lange überlegt, mir das Ganze angesehen und festgestellt, dass es äusserst komplex ist. Ich brauchte rund zwei Wochen, um zu erkennen, welche Szenen ich filmisch umsetzen wollte. Weil das Ganze ja auf einer Bühne stattfindet, ist es mir darum gegangen, die Perspektive zu wählen, in der ich mit meiner Kamera Teil des Tanzes werde. Das war auch für den Choreografen völlig neu.

EMOTIONEN MÖGLICHST NAH TRANSPORTIEREN KANN MAN NUR, WENN MAN MÖGLICHST NAHE HERANGEHT UND KEINE AUSSENPERSPEKTIVE EINNIMMT, SONDERN TEIL DES TANZES WIRD.

PK *Stimmt es, dass dieser erste Film quasi eine Anwendung dessen ist, was du gemäss dem zweiten Film heute tust und dort auch in Worte gefasst hast?*

MS Mmmh … Der zweite Film ist für mich eher meine Haltung gegenüber sehr vielen Themen. Ich arbeite heute mit vielen Unternehmen und ihren Exponenten zusammen und unterstütze sie im psychosozialen, aber auch kommunikativen Bereich mit dem Werkzeug Film. Den zweiten Film zeige ich stets, wenn ich mit jemandem zusammenarbeite, was für mich die Basis dafür ist, wie ich mit meinem Gegenüber umgehe. Ich sehe mich dabei stets in einem Team.

PK *Spannend … Wir sind ja heute Gast im Kino und haben das Glück, dass heute dessen Chefin bei uns weilt. Alexandra Sterk, die Filme, die wir soeben gesehen haben, hatte ich schon auf meinem Tablet abgespielt. Auch dort haben sie mich beeindruckt, aber das Erlebnis im Kino ist dennoch unvergleichlich. Andererseits verfügen heute viele Menschen über ein Heimkino mit entsprechender Audioanlage. Und dennoch gehen die Leute ins Kino. Was hat sich da verändert?*

Alexandra Sterk Einerseits hat das mit dem Wechsel vom analogen zum digitalen Film zu tun.

DAS ABSPIELMEDIUM IST EIN ANDERES GEWORDEN. ANDERERSEITS SIND DIE EMOTIONEN UND GESCHICHTEN IMMER NOCH DIE GLEICHEN, SOGAR NOCH WIE VOR HUNDERT JAHREN. DAS WIRD SICH AUCH NICHT ÄNDERN.

Das bleibt. Im Kino kann man die Emotionen mit anderen Gästen teilen. Das kann man allein zu Hause nicht, allenfalls beschränkt auf die Familie oder eingeladene Freunde. Und doch ist das nicht das gleiche Erlebnis.

MS Ich habe den Film, den wir uns nachher anschauen, seit langer Zeit wieder einmal im Kino gesehen und wieder erlebt, dass das eine andere Welt ist. Die Gefühlsebene spricht einen unmittelbarer an, als das auf dem Computer oder dem Smartphone der Fall ist. Ich plädiere dafür, wieder mehr ins Kino zu gehen. Es ist ein Erlebnis.

PK *Frage an das Publikum: Wer von euch kennt den Film «Baden – Menschen, Stadt, Geschichten?»*
[Niemand gibt sich dazu zu erkennen.]

PK *Wer assoziiert einen Film mit dem Slogan «Baden ist»?*
[Auch hier meldet sich niemand aus dem Publikum.]

MS Aber vielleicht kennt jemand den Stadtfilm über Baden?
[Einige wenige Personen geben sich entsprechend zu erkennen.]

PK *Bei den Arbeiten zu diesem Film haben sich Alexandra und Michael kennengelernt. Das passierte vor rund zehn Jahren. Der Film wurde aber nicht hier im Kino Sterk uraufgeführt?*

AS Nein, der Film wurde im Trafo aufgeführt. Das ist unser anderes Kino auf dem ABB-Gelände.

PK *Du bist heute politisch im Einwohnerrat von Baden tätig und damals schon sehr engagiert gewesen. «Baden – MenschenStadtGeschichten»: Ich frage mich gerade, ob ich den Titel richtig betont wiedergebe …*
MS Ja, es ist alles in einem Wort gehalten – eben «MenschenStadtGeschichten».

PK *Ja, wenn man es falsch betont, wird es etwas schwierig: «Menschen statt Geschichten». Alexandra, was ist dir von diesem Film in Erinnerung geblieben?*

AS Ja, sicher die tolle Premiere, die wir feiern durften, mit einem vollen Kinosaal im Trafo 1. Das war sensationell, auch deine Idee, Michael, dass man auch auf diese Art ein Porträt von einer Stadt machen kann und nicht einfach einen Film für Touristen. Das ist mir haften geblieben.

PK *Ich habe noch eine weitere Assoziation zu diesem Film. Michael und ich lernten uns über diesen Film zumindest indirekt kennen. Man wusste ja nicht, wie dieses Werk schliesslich beim Publikum ankommen würde. Der Film wurde danach auch mehrfach ausgezeichnet …*

MS Der Film hat sechs internationale Auszeichnungen bekommen, unter anderem auch in New York in einer Dialektfassung.

PK *Ich war damals noch für ein Finanzinstitut im Kanton Aargau tätig, das heute nicht mehr existiert. Verschiedene Unternehmen haben dieses Projekt unterstützt, u. a. auch mein damaliger Arbeitgeber. Nicht alle davon sind im Film gleich prominent berücksichtigt, was doch zu einigen Diskussionen geführt hat.*

MS Ich wusste nicht, welche Beträge die einzelnen Sponsoren finanzierten. Ich habe mir jedoch ausbedungen, dass sie keine klassische Hauptrolle in diesem Film erhalten, sondern der Film so wirken soll, dass die Sponsoren stolz auf dieses Werk sein können, das sie schliesslich mit ermöglicht haben. Der Produzent, Hubert Staubli, Avista sowie der Vertreter des Standort-Marketings Baden zogen mich seinerzeit zu diesem Vorhaben bei. Es bestand bereits eine Idee, die es umzusetzen galt. Aber ich wollte keinen «Touristen-Film» machen, der nach zwei Jahren in der Schublade landen würde. Das hätte mich nicht interessiert. Ich wollte Zeit für eine neue Idee und würde mich wieder zurückmelden. Ich habe mich in diesen drei Wochen intensiv mit der Stadt Baden befasst. Am Ende kam ich zum Schluss, dass die Botschaft dieses Films nur über Menschen transportiert werden kann, nicht über Institutionen. Sie machen im Endeffekt eine Stadt aus. Ich wollte Menschen zeigen, die sich an unterschiedlichen Orten in dieser Stadt in Menschen oder Plätze verliebt haben. Das war mein Konzept. Ein weiterer Teil des Konzepts war, dass dieser Film nie fertig sein sollte. Jedes, vielleicht jedes zweite Jahr wollte ich neue Porträts hinzufügen und alte weglassen. Das Ganze sollte auf einer Website platziert und archiviert werden. Der Film würde somit heute nach 10 Jahren komplett anders aussehen, als er heute zu sehen ist. Das war meine Idee und sie überzeugte alle, auch die Sponsoren. Schliesslich ist es leider nicht so weitergegangen. Schade, es wäre so wichtig für eine Stadt, ein Archiv zu haben, zurück- und vorwärtsschauen zu können und diese Idee dynamisch weiter wachsen zu lassen.

PK *Anlass und Gegenstand unseres heutigen Gesprächs ist unter anderem auch der heutige Valentinstag. Eigentlich wollten wir das eine oder andere Liebespaar, das im Film porträtiert wird, zu unserem Gespräch dazu einladen. Die Paarbeziehungen bestehen auch nach zehn Jahren noch. Ich hatte die Idee vertreten, dass diese Menschen sich diesen Film zum zehnjährigen Jubiläum sicher gerne mit uns anschauen möchten. Nur musste ich erfahren, dass echte Liebespaare am Valentinstag nicht ins Kino gehen. Darum sind sie heute leider nicht hier. Ich denke, wir schauen uns nun einfach diesen Film an.*

MS Ja, genau. Danach können wir uns ja dazu weiter unterhalten.

[Nach der Filmaufführung]

PK *Ja, dieser Film ist im Jahr 2013 uraufgeführt worden und hat dennoch keine Patina angesetzt. Natürlich hat sich die Szenerie in Baden zum Teil ein wenig verändert. Mich persönlich beeindruckt, Michael, dass die Menschen, die du in diesem Film porträtierst und die ja keine Schauspieler sind, sehr authentisch und nahe scheinen und zum Teil sehr emotional von ihren Erlebnissen berichten. Wie ist dir das gelungen?*

MS Mir kommt gerade eine Szene mit der Protagonistin Susanne in den Sinn. Ich kann mich nicht mehr genau daran erinnern, wo das erste Meeting stattfand, das wir mit ihr hatten, einzig, dass wir an einem runden Metalltischchen sassen. Sie, Hubert Staubli und ich waren zusammen und man filmte unser Gespräch, damit ich das Ganze nicht im Kopf behalten musste. Der Produzent stellte die Fragen. Ich spürte jedoch, dass wir nicht in Verbindung kamen. In diesem Moment fiel ein Gegenstand vom Tisch – ein Moment der Unsicherheit. So fragte ich Susanne einfach, ob sie in die Stadt Baden verliebt sei. Das war die entscheidende Schlüsselfrage, welche das Eis zum schmelzen brachte. In diesem Moment brach sie in Tränen aus. Ich denke, meine Stärke ist es, mit Menschen in Kontakt zu treten und echte Verbindungen aufzubauen. Dies war aber möglich, weil Hubert Staubli mir den Rücken frei hielt, sämtliche organisatorischen und produktionstechnischen Aufgaben übernahm und mir freie Hand liess.

PK *Ja, das spürt man, besonders auch in diesem Film. Geneigte Betrachterinnen und Betrachter haben sicher bemerkt, dass auch die Badenfahrt 2012 Teil dieses Films ist. Der Film hat dich in den Jahren 2011 bis 2013 stark beschäftigt …*

MS Ja, es kam hinzu, dass in dieser Phase noch weitere Projekte liefen. Für mich war jedoch klar, dass ich die Kontrolle über das ganze Produktionsgeschehen haben muss, wenn ich diesen Film machen wollte. Das hat sehr viel Zeit und Ressourcen gebraucht. Wir (Hubert Staubli und ich) suchten über Facebook Menschen, die als Kandidaten für die Porträts in Frage kamen. Die galt es zu sondieren. Pro Thema hat man jeweils drei ausgewählt und sie zu einem Gespräch eingeladen. Es galt bei der Auswahl verschiedene Aspekte zu berücksichtigen. Die Geschichte, die diese Menschen zu erzählen hatte, sollte gut zu filmen sein. Mir war es wichtig, dass all diese Geschichten jeweils an einem anderen Ort stattfinden, sodass Baden auch geographisch abgedeckt würde. Ich wusste, dass nicht all das möglich sein würde. Das war einer der Gründe, warum ich mich dafür einsetzte, den Film mit weiteren Episoden fortzusetzen. Andere waren, dass ich die Regie und die Kamera führte, den Film schnitt, die Locations auswählte, die Beleuchtung steuerte und die inhaltliche Struktur verantwortete. Ich hatte dabei nie eine Erwartung an die porträtierten Menschen. Sie mussten nichts erfüllen oder etwas erzählen, was ich hören wollte. Ich habe stets darauf gewartet, was von ihnen selbst kommen würde, was sie mir an persönlich Erlebtem schenken wollten.

PK *Hast du dich bei diesem Film etwas zu sehr verausgabt, Michael?*

MS Es war wahrscheinlich nicht nur dieser Film, sondern auch andere Faktoren, Projekte, die mich schliesslich in eine Depression stürzten. Ich brauchte eine Veränderung. Und es haben sich ganz neue Welten eröffnet. Aus diesem Grund sind psychologische Themen für mich wichtiger geworden. Ich habe erkannt, dass für mich dort noch weiteres Potential liegt. Das Medium Film war für mich sehr lange meine Ausdrucksform. Und das hat mir sehr geholfen. Hinter der Kamera war ich gut versteckt und musste wenig Kontakt aufnehmen. Mit der Übernahme von Regiearbeiten hat sich das verändert. Aber die Ausbildung im psychosozialen Bereich hat mir nochmals etwas geschenkt: die Sprache. Sie wurde für mich plötzlich extrem wichtig. Ich bin derzeit mit einer Weiterbildung zum Thema authentische Kommunikation beschäftigt. Das hilft mir ein zusätzliches Level zu erreichen. Ich bin neugierig wohin mich die Reise noch führen wird.

PK *Dann haben wir uns im Jahr 2016 wieder getroffen. Ich wollte damals auch eine Geschichte erzählen. Zu diesem Anlass trafen sich viele Personen in einem grossen Saal. Du warst eine dieser Personen und ich hatte dich gefragt, wie du das umsetzen würdest …*

MS Genau. So wie ich es in Erinnerung habe, war die gesamte Werbeabteilung anwesend. Auch eine Agentur, die bereits ein ausgedrucktes Konzept erarbeitete hatte, war vertreten. Der Auftrag an mich war, dazu noch einen Imagefilm zu machen. Das hatte ich zumindest vom Produzenten erfahren. Nachdem ich mir das angehört hatte, kam ich zum Schluss, dass ein Imagefilm keinen Sinn macht. Ich wusste nicht wie, womit und wofür.

PK *Ein doch verheerendes Fazit für die Verantwortlichen dieses Unternehmens …*

MS Es war spannend. Ich konnte damals natürlich nicht alles offen und ehrlich äussern. Ich hatte das Gefühl, ich hätte die vorliegende Kampagne schon mehrmals gesehen, und konnte mir nicht vorstellen, eine solche zu verfilmen. Ich hatte mich gefragt, worum es tatsächlich gehen sollte. Um die Unternehmen oder die Kunden? Aus meiner Sicht um die Kunden. Ich habe gesagt, dass ich drei Wochen bräuchte, um mir zu überlegen, was man tatsächlich machen könnte. Und du hast mir danach gesagt, dass wir uns in drei Wochen wieder treffen würden. Weiter hast du mich noch gefragt, was ich heute noch tun würde. Ich habe dir darauf geantwortet, dass ich nun baden gehen würde. Drei Wochen später haben wir uns wieder getroffen und für mich war klar, dass wir etwas Simples tun sollten. Die Kernbotschaft war «am richtigen Ort». Und ich dachte, wir sollten hierzu Menschen in den Vordergrund stellen, kurze Porträts von einer Minute Länge, nicht mehr. In diesen ging es mir einzig darum zu fragen, wo diese Menschen im Leben gerade stehen. Sind sie glücklich, was macht sie glücklich? Ja nichts zum Unternehmen sagen. Es ging einzig darum, eine Stimmung zu erzeugen.

PK *Wir, Michael und ich haben an weiteren Orten miteinander gearbeitet. Dabei blieb mir eine Geschichte in besonderer Erinnerung. Ich durfte als Mitverfasser einer Studie an einer Hochschule über die Aufgaben und Zukunftsperspektiven von Finanzverantwortlichen CFO berichten. In diesem Zusammenhang beauftragten wir Michael damit, auch noch Statements von Finanzchefs auf Bild und Ton festzuhalten. In vielen Fällen waren dabei Exponenten von kotierten Unternehmen vor der Kamera. Sie sollten eigentlich gewohnt sein, vor der Kamera zu stehen und eine Aussage kundzutun. In der Regel ist ihr Beitrag sehr technischer Natur und das Interesse daran ist eher bescheiden, da ein Finanzchef in einem Unternehmen meistens im Schatten der Hauptexponenten steht, insbesondere des CEOs. Ich war davon beeindruckt, wie schwierig es war, diese vermeintlich medienerfahrenen Fachleute für ein überzeugendes Statement vor der Kamera zu gewinnen. Die meisten hatten zwar auch ein Medientraining absolviert. Im jeweiligen Raum waren einzig du und ich. Ich habe dabei beobachten können, wie du daran gearbeitet hast, die Hindernisse abzubauen, damit sie sich vor der Kamera authentisch zeigen. Wie hast du das damals erlebt?*

MS Der Unterschied war, dass diese Finanzfachleute etwas erzählen mussten. Sie hatten dazu auch eine Art Vorgabe erhalten. Das ist eine andere Sache. Ich würde das heute wohl anders anpacken. Ich bin der festen Überzeugung, dass die meisten Menschen, die ein Mediencoaching absolviert haben, danach vor der Kamera nicht mehr überzeugen. Ich habe hierzu einen komplett anderen Ansatz. Ich arbeite auch mit Menschen, die vor die Kamera stehen müssen und den Auftrag haben, etwas zu sagen, versuche aber dabei eine Atmosphäre zu schaffen, die auf Vertrauen beruht. Ich vergewaltige niemanden dazu, jemand anderen zu verkörpern. Es geht schlicht um Authentizität. Und die gilt es zu fördern. Das tun jedoch die wenigsten Medien-Coaches. Sie haben ihre klaren Vorstellungen davon, wie etwas sein sollte und wer was wie sagen sollte. Diesen Anspruch habe ich nicht. Ich suche immer die Authentizität. Das kann man lernen. Dazu wird jedoch ein entsprechendes Spielfeld benötigt. Ich hatte schon oft mit Exponenten auf höchster Führungsebene zu tun, die in solchen Situationen von Beratern begleitet wurden. Sie griffen ständig korrigierend ein, bis ich mich schliesslich durchsetzte und verlangte, dass alle ausser der zu porträtierende CEO und ich den Raum verliessen. Und das ging meistens gut.

PK *Wir schauen uns zum Abschluss dieses Filmabends noch drei Filme an, die du im Rahmen unserer vorher angesprochenen Zusammenarbeit gedreht hast. Dabei erzählen Menschen ihre Geschichte in einer Minute. Kannst du uns hierzu dein Vorgehen erläutern. Wie ist es dazu gekommen?*

MS Ja, genau. Das sind drei Filme, die eben kein Imagefilm für die Unternehmen geworden sind. Ich sagte damals, dass ich einen Pilotfilm drehen würde, um danach zu prüfen, was passend wäre. Schliesslich haben wir zehn Filme, zehn Portraits, geschaffen. Drei davon, die eben eine Minute dauern, schauen wir uns nun dazu an. Wie vorher beschrieben, bin ich mit diesen Menschen auf ein gemeinsames Niveau gelangt, auf dem wir uns begegnet sind, nicht in meiner Rolle als Regisseur oder Interviewer, sondern als ebenbürtige Persönlichkeiten. Wir haben es geschafft, also diese Person und ich, einen Raum zu schaffen, der das ermöglicht hatte. Ich staune manchmal selbst. Einen Raum, in dem Menschen authentisch und frei sprechen können.

UND ICH GLAUBE, DAS IST SCHLIESSLICH, WAS BLEIBT: AUTHENTISCH SEIN. MENSCH SEIN.

EUGEN «GENI» PETERHANS

Delegierter des Verwaltungsrats, CEO

Welche bleibenden Erinnerungen verbinden dich mit unserem Club?

Das sind in erster Linie die Jugendlager, die in grauer Vorzeit stattgefunden haben. Dabei war es ein Erfolg, randständigen Kindern und Jugendlichen eine ungezwungene und erlebnisreiche Zeit zu schenken. Die Vorbereitung, Rekrutierung und Durchführung brachte die Lions einander näher, einschliesslich ihrer Partnerinnen. Manchmal so nahe, dass schwelende Konflikte offen ausbrachen und zu heftigen Reaktionen führten. Es gab verbale Auseinandersetzungen darüber, wie man mit Kindern umgeht und was ein vorbildliches Verhalten der Lagerleitung ist, bis hin zu höchst emotionalen und überstürzten Lions-Abreisen aus dem Lagerkreis. Dass sich die neutrale Masse der Lions davon nicht anstecken liess und das Ziel eines guten Lagers entschlossen weiterverfolgte, war eine eindrucksvolle Qualität. Doch auch nach derartigen Spannungen konnten sich die Kontrahenten wiederfinden und einander in die Augen schauen. Erlaubt sei mir die politisch unkorrekte Anmerkung, dass der Konflikt ursächlich durch die holden Gattinnen ausgelöst wurde und sich die treu ergebenen Lions so als Gladiatoren vorspannen liessen.

Was bedeutet dir persönlich die Mitgliedschaft?

Dass wir im Laufe des Lebens Hoch und Tiefs erleben, ist uns bekannt. Die Diskussionen darüber, ob ein «liederliches Mitglied» ausgeschlossen werden sollte oder nicht, sind ein grossartiges Beispiel dafür, wie die Masse den richtigen Entscheid trifft. Im Nachhinein hat sich gezeigt, dass der «Tu-nicht-gut» wieder Tritt gefasst hat und sich zu einem engagierten Mitglied aufgeschwungen hat. Den Grossmut derjenigen, die in der schlechten Zeit durchaus kleine Vermögen mit dem Abtrünnigen verloren haben, bewundere ich nach wie vor.

Die Heterogenität unseres Vereins interessiert und begeistert mich. Bei jedem Meeting kann ich etwas Neues lernen, sei es aus dem Plenum oder aus Einzelgesprächen. Es sind auch Freundschaften entstanden, die sich in anderen Plattformen wohl kaum entwickelt hätten oder aber rasch wieder in der Versenkung gelandet wären.

EIN LEBEN ALS MANAGER. WAS BLEIBT?

Lions-Meeting vom 6. April 2023: Gespräch mit Rolf Renz und Raoul Weil

Einordnung und roter Faden

Wir trafen Raoul Weil und Rolf Renz am 6. April im Landhotel Fislisbach zum Gespräch. Raoul Weil blickt auf eine langjährige berufliche Karriere in der Finanzwirtschaft zurück, unter anderem auch als Konzernleitungsmitglied und Leiter des internationalen Vermögensverwaltungsgeschäfts sowie des Schweizer Business Banking bei der UBS mit über 60'000 Mitarbeitenden. Zuletzt war er als CEO der Reuss Private Group tätig. Auch Rolf Renz darf auf eine lange Laufbahn als Finanzverantwortlicher in industriellen Unternehmen zurückblicken. Von 2008 bis 2018 war er dabei als Finanzchef von Siemens Schweiz AG und CFO-Cluster Siemens South-West-Europe tätig. Er bringt sein Fachwissen in verschiedene Gremien ein und ist heute in dieser Rolle auch Präsident des Vereins Institut für Finanzdienstleistungen in Zug (IFZ).

Beide haben Ausserordentliches bewegt bzw. erreicht und haben als Mensch und Manager viele bleibende Erfahrungen gesammelt. Unser Gespräch beleuchtet Weggabelungen ihrer beruflichen Laufbahn, ordnet das heutige Geschehen mit der Erfahrung aus der Vergangenheit ein und fokussiert sich insbesondere auch auf persönliche Erfahrungen.

Pascal Koradi *Wir haben heute eine grossartige Gesprächsrunde. Wir wollen bei diesem Gespräch aus dem reichen Erfahrungsschatz unserer beiden Gäste, Raoul Weil und Rolf Renz, einiges mitnehmen. Eine erste Frage, mit dem unser Gespräch starten soll, ist der Aktualität geschuldet. Wir alle haben die Geschehnisse um die Credit Suisse in akuter Erinnerung. Sie sind eine Zäsur in der Finanzwirtschaft, vielleicht gar in der Wirtschaftsgeschichte der Schweiz. Raoul, was ist dir durch den Kopf gegangen, wie du diese Ereignisse zur Kenntnis genommen hast? Hätte es dich gereizt, selbst in die Geschehnisse einzugreifen oder bist du froh gewesen, dass dieser Kelch an dir vorbeigegangen ist?*

Raoul Weil Nein, ich war ehrlich gesagt froh, dass dieser Kelch an mir vorbeigegangen war. Ich hatte das ja schon mal im Jahr 2008 erlebt. Ich muss ehrlicherweise konstatieren, dass ich mir das auch nicht zugetraut hätte. Es braucht jemanden, der die Investment-Bank der Credit Suisse restrukturiert, und hierzu wird ein Investmentbanker benötigt. Dennoch wage ich die Aussage, dass einige Dinge auch aus meiner Sicht schiefgelaufen sind. Man hat zu lange gewartet, bis man richtig eingegriffen hat.

ZU LANGE WURDEN DIE GESCHEHNISSE WIE EIN KLEINER KÜCHENBRAND BEHANDELT, DER MIT EINEM HANDFEUERLÖSCHER BEKÄMPFT WERDEN KANN. AM SCHLUSS STELLTE SICH HERAUS, DASS ES UNTER DEM DACHGEBÄLK LICHTERLOH BRANNTE UND MAN VOR RUND ZWEI MONATEN DEN GROSSEN FEUERWEHRSCHLAUCH HÄTTE HERAUSNEHMEN SOLLEN.

Und der hätte wohl zu einer ähnlichen Lösung verholfen wie bei der UBS im Jahre 2008. Das hat man leider verpasst. Und zum Schluss hat zum Glück die heutige Lösung resultiert. Was mich dabei aber störte, war die Einseitigkeit der Verhandlungssituation. Auf der einen Seite der Verwaltungsratspräsident der UBS mit Unterstützung der Investmentbank Morgan Stanley, schlicht die Besten und Abgebrühtesten auf diesem Planeten. Auf der anderen Seite Bundesrätin Karin Keller-Sutter und der Präsident der Schweizerischen Nationalbank, die sicher ihr Bestes gegeben haben, aber Berater benötigt hätten, die der Gegenseite hätten Paroli bieten können. Solche Unterstützung haben sie offensichtlich nicht beigezogen. Darum hat auch jene Lösung resultiert. Und ich muss dazu ehrlich konstatieren, dass ich in deren Beurteilung mit Herrn Nordmann übereinstimme, wobei ich anmerke, dass ich sonst selten zur gleichen Einschätzung wie Herr Nordmann gelange. Der Staat hätte an den künftigen Erfolgschancen des neuen Konstrukts mehr partizipieren sollen. Wenn von einer Bank im Bedarfsfall ein Kreditbetrag zur Verfügung gestellt wird, verlangt man auch bei Nichtbenützung für die Bereitstellung einer Limite einen Betrag, beispielsweise 0.25% der Gesamtlimite. Ein solches Vorgehen ist für einen sogenannten «Stand by-Kredit» marktkonform. Sobald diese Limite benützt wird, werden auch die verhandelten Zinskonditionen fällig. Bis heute hat noch niemand gesagt, welchen Betrag der Bund für die der UBS zur Verfügung gestellten Garantien über 9 Milliarden CHF für die zu übernehmenden Forderungen der Credit Suisse zwischen 6 und 15 Milliarden beansprucht. Der UBS wird im eigentlichen Sinne eine Verkaufsoption zur Verfügung gestellt. Dabei hat die UBS das Recht, diese Forderungen im schlechteren Fall für 6 Milliarden an den Bund zu verkaufen, und hat zugleich noch den Betrag von 9 Mrd. gedeckt. Normalerweise erhält man für die Bereitstellung einer solchen Verkaufsoption eine Prämie. Bis jetzt hat sich noch niemand dazu geäussert, ob es eine solche Prämie gibt bzw. wie hoch sie ist. Hierin bin ich mit Herrn Nordmann einig. Der Staat hätte für diese Garantieleistung besser entschädigt werden müssen. Zu diesem Zeitpunkt war die nun gefundene Lösung jedoch die bestmögliche. Eine Verstaatlichung der Credit Suisse hätte die Übernahme eines Risikovolumens von über 650 Milliarden bedeutet. Abgesehen davon hätte ich niemanden gesehen, der in dieser Situation diesem Konstrukt als Manager hätte vorstehen können, auch nicht die in der Öffentlichkeit genannten Persönlichkeiten wie die Herren Grübel und Ackermann. Ich denke, die getroffene Lösung war zu diesem späten Zeitpunkt aus meiner Sicht die einzig gangbare. Vor zwei Monaten wäre die Situation noch anders gewesen.

PK *Rolf Renz, du hast bis vor kürzerer Zeit über lange Jahre als Finanzverantwortlicher in der Siemens-Gruppe gearbeitet. Du hast in dieser Funktion die Credit Suisse und die vormalige Schweizerische Kreditanstalt als Kunde oder als Geschäftspartner gekannt. Was ist dir durch den Kopf gegangen, wie du an diesem Sonntag die Pressekonferenz zum Ende der Credit Suisse mitverfolgt hast?*

Rolf Renz Ich hole hierzu noch etwas weiter als Raoul aus. Ich kannte solche grandiose (Bank-)Manager schon in meiner Zeit bei der Elektrowatt. Ich dachte stets als Industrie-«Chnuschti», dass man im Vergleich mit den Grössen des Finanzplatzes chancenlos sei. Ich habe damals einem Top Manager der CS den Vorschlag gemacht – die Elektrowatt war im Eigentum der Credit Suisse – eine Transaktion mit der Göhner Merkur zu prüfen, um sich von den Risiken zu befreien. Ich gelangte dabei zum Schluss, dass dieser, mein Anliegen überhaupt nicht verstehen konnte. Möglicherweise haben wir auch nicht die gleiche Sprache gesprochen. Ich konnte dann für ein geringes Entgelt als CFO der Elektrowatt der Credit Suisse die Göhner Merkur abkaufen. Ich wurde danach von einem anderen Topmanager gefragt, was wir nun mit der erworbenen Position tun wollten. Nach meiner Erklärung hat er mir gegenüber konstatiert, dass auch er dieses Vorgehen Herrn Mühlemann vorgeschlagen habe, aber bei seinem Vorgesetzen auf kein Verständnis getroffen sei. Schliesslich hat die Siemens mit dieser geringen Investition einen grösseren Millionenbetrag netto verdient, und das, nachdem man Teile der akquirierten Göhner Merkur weiterentwickelt und andere veräussert hatte. Damals wurden oft Problempositionen der Credit Suisse in die damalige Tochtergesellschaft Elektrowatt integriert. Das war für die Mitarbeitenden der Elektrowatt oft unangenehm. Man hatte stets mit schlechten Geschäften zu tun und konnte oft nur einen ungenügenden Cashflow präsentieren. Ich sah in meiner Zeit bei der Elektrowatt einiges, was mich zum Schluss kommen liess, nicht mehr an die Credit Suisse zu glauben. Dieser Eindruck hat sich auch später bei der Übernahme der Elektrowatt durch die Siemens-Gruppe bestätigt. Die Credit Suisse war auch damals in Schwierigkeiten und benötigte zusätzliche finanzielle Mittel. Vor diesem Hintergrund kam es damals zum Verkauf. Später sagte der vormalige Vorstandsvorsitzende Heinrich von Pierer mir hierzu, dass man mit der Elektrowatt eine eigentliche Perle habe erwerben können.

PK *Du wurdest ja damals im Jahr 1998 mit diesem Verkauf auch zum Mitarbeitenden der Siemens ...*

RR Ja, das ist so. Ich frage mich manchmal, ob ich schliesslich zufällig dort gelandet bin. Ich habe in meinem Keller auch noch eine Kiste Wein von Rainer E. Gut, der uns damals gesagt hat, dass wir einiges auch gut gelöst hätten. Schliesslich kann ich auch mit dieser Erfahrung Raoul darin beipflichten, dass die heute getroffene Lösung mit der Credit Suisse wohl die beste war. Ob es tatsächlich der richtige Weg ist, wissen wir heute alle nicht. Wenn ich nun von einigen Politkern höre, dass der Staat hier besser das Ruder übernommen hätte, bin ich froh, dass die Aufgabe nun von der UBS übernommen worden ist. Ich glaube – auch aus Erfahrung während meiner Zeit als CFO in der Industrie –, sie ist ein sehr solider Partner. Ich habe als Industrie-«Chnuschti» das Wirken der Bankmanager beobachten können und muss konstatieren – nicht weil ich heute mit Raoul an einem Tisch sitze –, dass ich mit der Zeit mehr Sympathien für die UBS gewonnen habe, obwohl ich ein Kind der Credit Suisse gewesen war.

PK *Raoul, du bist 1984 bist du im Bankverein gestartet, nachdem du in Basel Volkswirtschaft studiert hattest. Du hast eine steile Karriere absolviert, auch von Aufenthalten im Ausland geprägt. Im Jahr 1997 hast du die Fusion zwischen der Schweizerischen Bankgesellschaft und dem Bankverein miterlebt. Welche Gedanken machst du dir zum anstehenden Zusammenschluss, wenn du mit diesem Wissen und deiner Erfahrung nun an die Arbeitnehmenden denkst, die aus der Kultur der Credit Suisse oder eben aus der UBS stammen?*

RW Ich war bei der damaligen Ankündigung des Mergers im Jahr 1997 als Asien-Chef des Private Bankings in Hong Kong, damals vom Bankverein und danach von der kombinierten UBS. Dort war das Ganze nicht gleich etabliert wie in der Schweiz. Beide Banken waren relativ neu in diesem Geschäft. Mit ungefähr tausend Mitarbeitenden zur damaligen Zeit waren die kulturellen Unterschiede zwischen den beiden Institutionen nicht derart gross. 80 Prozent des Personals waren Chinesen. Ich muss ehrlichweise konstatieren, dass nach meiner Einschätzung die kulturellen Unterschiede zwischen der Credit Suisse und der UBS in der Schweiz nicht derart gross sind. Die Credit Suisse war nach meiner Einschätzung stets etwas stärker unternehmerisch unterwegs. Die UBS war immer gut organisiert und strukturiert, aber auch ein wenig kompliziert, die Credit Suisse in dieser Beziehung etwas flexibler. In der Schweiz sind die beiden Unternehmen nicht gross verschieden. Eines der grossen Probleme liegt aus meiner Sicht an den USA.

Frage aus dem Publikum Ist es eine gute oder eine schlechte Nachricht, dass sich die beiden Kulturen nicht grossartig unterscheiden?

RW Ja, ich will es so ausdrücken: Der etwas unstrukturierten Vorgehensweise, den Wildheuern der Credit Suisse, wird nun wohl ein Korsett überzogen. Aber das Hauptthema in der Schweiz wird wohl der anstehende Personalabbau sein. Das muss man separat anschauen, auch bezüglich der sich ändernden Wettbewerbssituation. Das grosse Problem orte ich in den USA. Das Investment Banking der Credit Suisse ist schon traditionell viel stärker. In die Vergangenheit sind vormalige Exponenten der Credit Suisse wie Rainer E. Gut auch persönlich stark involviert.

Im Rückblick auf meine Zeit während der Fusion im Jahr 1997 war sie kein grosses Thema.

Man hatte beim Zusammenschluss meistens zwei Personen für die gleiche Funktion zur Auswahl und versuchte nach bestmöglicher Einschätzung die bessere Lösung zu wählen. Innerhalb von ungefähr neun Monaten waren die beiden Unternehmen operativ kombiniert. Ich hoffe, dass auch in diesem Fall der Zusammenschluss sehr rasch vonstattengeht. Meine Erfahrung ist, dass Unsicherheit für das Personal eine ähnlich verheerende Wirkung zeigt wie eine Giftwolke. Sobald die Mitarbeitenden den künftigen direkten Vorgesetzten und seine Stossrichtung kennen, sind achtzig Prozent der Dinge geregelt. Eine rasche Lösung hilft dem Personal, sich intern oder extern rasch neu zu orientieren. Ich glaube aus meiner Erfahrung, dass das rasch möglich ist. Wie gesagt, in Asien dauerte dieser Prozess rund neun Monate, in der Schweiz ein wenig länger, etwa rund drei bis vier Jahre.

PK *Eine Frage dabei ist auch, zumindest in der Vox populi, wer für den gesamten Schlamassel tatsächlich verantwortlich ist. Die Politik wird wohl nicht darum herumkommen, hierzu auch Zeichen zu setzen. Raul, wenn du dich nun an die Geschehnisse bei der UBS vor rund 15 Jahren erinnerst, ist ein Schlüsselmoment sicher auch der Führungswechsel von Peter Wuffli zu Marcel Rohner im Jahr 2007 gewesen, wie du zur Nummer 2 der UBS nachgerückt bist. Wie weit war damals schon der Gedanke präsent, dass die damalige Bank in kritischen Gewässern war?*

RW Ja, damals war der Boiler bereits auf 90 Grad. Als danach 2008 die Lösung mit der Auslagerung der notleidenden Kredite an die Nationalbank getroffen wurde, war ich damals vollständig einverstanden. Als Oswald Grübel das im Nachgang als unnötig taxierte, konnte ich diese Aussage schlicht nicht nachvollziehen. Wir hatten damals rund CHF 200 Milliarden Liquidität vorrätig. Die Entwicklung glich einem Tornado. Anfänglich sind die Drehbewegungen relativ langsam, es beginnt eine unaufhörlich zunehmende Beschleunigung. Am Anfang verloren wir rund 10 Milliarden pro Monat. Fies würden rund eineinhalb Jahre reichen. Sobald das Ganze an Schwung gewinnt, sind die Geldabflüsse viel höher. Bei der Credit Suisse betrugen sie innerhalb von vier Monaten rund 130 Milliarden. Daher ist es aus meiner Sicht zwingend nötig, möglichst frühzeitig eine Lösung zu präsentieren, die das Vertrauen der Kundschaft wieder etabliert. Denn sobald der Tornado an Schwung gewinnt, ist dieser Prozess beinahe unumkehrbar. Das ist im heutigen Fall der Credit Suisse passiert. Damals bei der UBS hat man relativ rechtzeitig die genannte Lösung gefunden. Schon 2007 war mir bewusst, dass es auch bereits in den oberen Stockwerken lichterloh brannte. Man sandte mich nach meiner Ernennung in die USA und ich musste mit der Investmentbank Morgan Stanley Sondierungsgespräche führen, notabene mit dem Vorgesetzten von Colm Kelleher, dem heutigen UBS-Präsidenten. Dabei handelte es sich um James P. Gorman, den obersten Vertreter der Morgan Stanley. Man versuchte ein Joint Venture zu etablieren, wobei die UBS ihre Beteiligung an Paine Weber einzubringen hatte, um Mittel freizumachen. Das klappte nicht, da die Gegenseite einen entsprechenden Zusammenschluss nur unter ihrer alleinigen Führung thematisieren wollte. Daher fiel diese Option weg. In diesem Prozess lernte ich die Verhandlungspartner kennen. Und ich muss einfach festhalten, dass sie spartanisch gestählt vorgehen. Daher bin ich auch zuversichtlich, dass im heutigen Fall der Credit Suisse die Dinge geregelt werden. Damals, im Jahr 2007, wusste ich, dass es im ersten Stock brannte, aber das Feuer noch nicht den Dachstock erreicht hatte. Es war jedoch schon sehr heiss.

PK *Rolf, wie hast du in den Jahren 2007/2008 die Banken- bzw. die Finanzkrise als CFO Siemens Schweiz und Europa erlebt?*

RR Das war damals für alle ein Schock. Man setzt sich beinahe jedes Quartal seriös mit Risiken auseinander, versucht anhand von eingeschätzten Eintretenswahrscheinlichkeiten Pläne zu erarbeiten, um diese Risiken zu minimieren. Aber das war schlicht nicht auf dem Radar. Rückblickend kann man zum Schluss gelangen, dass das nicht gut war. Aber das war ein Schock, und wie es Raoul bereits ausgeführt hat, war die Unsicherheit über die weitere Entwicklung die hauptsächliche Herausforderung. Würde sich die Entwicklung allenfalls weiter fortsetzen, sodass das gesamte Weltwirtschaftssystem davon betroffen wäre? Reagieren die Behörden und die Politik angemessen? Auch die Industrie erlebte damals ein Beben. Der Unterschied zur Finanzindustrie war, dass wir überzeugt waren, dass unsere Produkte und Dienstleistungen weiterhin auf eine rege Nachfrage treffen würden. Als Infrastrukturanbieter waren wir überzeugt, dass unsere Projekte auch weiterhin finanziert werden konnten. Das traf ja auch so ein, obwohl damals auch nachhaltige Veränderungen eingetreten sind. So kann ich mich daran erinnern, dass die chinesische Staatsbank damals begonnen hatte, Eisenbahnprojekte direkt zu finanzieren. Wir als Industrie waren weniger betroffen, unsere Kunden dagegen waren von der Entwicklung viel stärker tangiert. Die Unsicherheit der Kunden über die weitere Entwicklung, welche die Finanzierung ihrer Projekte geregelt haben wollten, war greifbar.

PK *Ich möchte nochmals einen Blick zurück wagen. Raoul, was würdest du gerne deinem jüngeren Ich auf den Weg geben, wenn du dich an das Jahr 1984 erinnerst und dir deinen gesamten beruflichen Werdegang vor Augen führst?*

RW Schwierige Frage. Ich bin eigentlich relativ zufällig im Bankgeschäft gelandet. Zum Zeitpunkt, als ich mein Studium abgeschlossen hatte, war das Thema Marketing aktuell. Produktmanager bei Unilever oder Nestlé war der eigentliche Traum-Job 1984. Einer meiner Studienkollegen startete damals bei Doetsch Grether, ich selbst arbeitete sechs Monate temporär in der Management Ausbildung bei der damaligen Sandoz, um Geld für eine dreimonatige Backpacker Asienreise mit einem Studienkollegen zu sparen. Ich wurde für drei Monate nach Asien entsandt und suchte nach meiner Rückkehr einen neuen Job. Ich hatte damals eine Woche Zeit, bevor ich für einen Wiederholungskurs in die Armee einrücken musste. Dabei landete ich ganz zufällig beim Bankverein. Das war nicht meine Traumdestination. Damals, im Jahr 1984, herrschte jedoch Rezession und ich telefonierte mit dem Personalverantwortlichen betreffend ein Praktikum. Er teilte mir mit, dass das 18-monatige Praktikum vor sechs Monaten gestartet sei und ich ein Jahr warten müsse. So fragte ich nach, ob allenfalls noch weitere Jobs offen seien. So erhielt ich in der EDV eine Ausbildungsstelle in der Abteilung Organisation und IT. Ich hatte von der Universität her jedoch lediglich Lochkarten-Programmiererfahrung. Beim SBV wurde dann bereits am Terminal programmiert.

PK *Du warst in einem Team für die Entwicklung eines Portfoliomanagements-Tools zuständig ...*

RW Ja, mir wurden eigentlich zwei Jobs offeriert: Wertschriftentitel-Buchhaltung und Portfoliomanagement Systems Development. Ich wusste weder über das eine noch das andere Bescheid. Der zweite Job-Titel klang aus meiner damaligen Sicht aber aufregender, sodass ich mich für diese Aufgabe entschied. Ja, so startete ich dort. Was will man einem 20-Jährigen raten? Starte mal einfach irgendwo! Wenn es dir gefällt, ist es super, sonst musst du dich wieder bewegen.

PK *Rolf, mit Blick auf deine heutige Tätigkeit: Du bist Präsident des Vereins Institut des Zentrums für Finanzdienstleistungen in Zug; du engagierst dich dabei auch im CFO Forum Schweiz für die Weiterbildung von Finanzverantwortlichen in der Schweiz. Was gibst du dabei den Jungen auf ihren Weg bzw. auf deinen Spuren mit?*

RR Ich glaube, ich kann das in einem Sprichwort am besten ausdrücken:

MAN SOLL SICH NICHT UM DIE ERNTE KÜMMERN, SONDERN SEINE FELDER RICHTIG BESTELLEN.

Ich hatte das grosse Glück, dass ich zu Beginn, mit rund 14 bis 18 Jahren, eine Karriere als Skifahrer anstrebte. Gut, ich war dabei, aber nicht talentiert genug. Ich war damals in der Junioren-Nationalmannschaft, trainierte im Sommer auf dem Gletscher und absolvierte wahnsinnig viel Konditionstraining. Der «eiserne Karl», Karl Frehsner, sagte stets zu mir, dass in dieser Beziehung niemand mit mir mithalten könne. Technisch war ich jedoch ungenügend oder zumindest schlechter als Peter Müller. Ich konnte auf meine Eltern zählen und sie sagten mir, jeden Freitag- oder Samstagabend im Keller die Skier mit der richtigen Mischung zu wachsen bringe mich doch schlicht und einfach im Leben auch nicht weiter. Sie drängten mich vielmehr, mich nach anderen Herausforderungen umzusehen. In der Verwandtschaft hatten mir auch andere gesagt, dass sie meine Zukunft nicht im Skizirkus sähen, was ich anfänglich nicht wahrhaben wollte. Das war mein Leben, das ich trotz vieler Investitionen – ich hatte auch noch die Ausbildung zum Skilehrer in Zermatt gemacht – aufgeben musste. In der Mittelschule hatte ich Freude an Fächern wie Wirtschaft und Buchhaltung gewonnen. Niemand in der Familie konnte verstehen, warum ich daran Freude hatte. Ich konnte mein Praktikum nach der Mittelschule aufgrund einer persönlichen Bekanntschaft meiner Mutter mit dem Generaldirektor der Schmidheiny-Unternehmen absolvieren. Man sagte mir, dass man Erfahrungen im Bank- und Finanzwesen, unabhängig ob man daran Gefallen hatte, immer gebrauchen könne. Ich absolvierte daher ein Praktikum bei der Bank und muss aus heutiger Sicht sagen, dass das für mich eine einmalige Chance war. Ich blieb fünf Jahre, durfte dort unglaublich viel tun und war in Abschlüsse der Holding sowie von Industrie und Finanzgesellschaften des Schmidheiny-Imperiums involviert. Walter Boveri hatte einst die Verwaltungs- und Privatbank gegründet, die später von der damaligen Schweizerischen Bankgesellschaft übernommen wurde. Ich lernte viel und hatte mit dem stellvertretenden Generaldirektor einen grossartigen Vorgesetzten, der mich förderte und zugleich forderte. Irgendwann gelangte ich dennoch zum Schluss, dass Buchhaltung zu führen und Protokolle zu verfassen langfristig eine äusserst monotone Angelegenheit war. In diesem Zusammenhang schaffte ich mir auch eine erste Schreibmaschine an, um meine

Tätigkeit rascher ausführen zu können. Ich habe somit ein Wirtschaftsstudium an der HWZ gestartet und absolviert. Ich kehrte als Assistent des Generaldirektors zur Bank zurück und erwarb den Titel eines Prokuristen. Ich durfte in dieser Funktion in vielen bedeutenden, auch kotierten Verwaltungsräten Einsitz nehmen und konnte unglaublich viele Dinge erlernen. Damals sagte der spätere Bundesrat Hans-Rudolf Merz zu mir, dass ich nun vieles erreicht hätte und demzufolge die Chance hätte, bald ins Direktorium befördert zu werden. Ich kam zum Schluss, auch nachdem ich mit meinen Eltern und Verwandten eine entsprechende Auslegeordnung gemacht hatte, dass ich mit Blick auf eine spätere Laufbahn als Finanzchef noch weitere Erfahrungen ausserhalb von Banken machen musste. Mit diesem Hintergrund wechselte ich zu Kühne & Nagel, wurde als Mitglied der Konzernleitung mitverantwortlich für das Controlling einer Zone und war mit der Sanierung eines Unternehmens beauftragt. Später wechselte ich zu einer Tochtergesellschaft der Elektrowatt, in der ich für die Durchführung eines Börsengangs engagiert wurde. Ich trat damals anfangs Dezember ein und konnte Ende des Monats nicht einmal die Löhne für rund 900 Angestellte bezahlen. Es handelte sich um ein Software-Unternehmen für Banken, das ich entsprechend sanieren musste. Das gelang und anfangs der 90er Jahre wechselte ich zu Landis & Gyr. Im Zeitalter von Lochkarten durfte ich als Leiter Rechnungswesen und Controlling vom Stammhaus aus zuständig für die betreffende Division die Einführung eines neuen Buchhaltungssystems verantworten. Das gelang und ein paar Jahre später stand der CEO, Willy Kissling, nach einer Verwaltungsratssitzung in meinem Büro und eröffnete mir, dass ich CFO für Landis & Gyr Asien werden könne. Ich bekam Bedenkzeit bis zum nächsten Morgen um sieben Uhr und mir wurde gesagt, dass ich spätestens in drei Wochen nach Asien überwechseln müsse. Ich war noch nie zuvor in Asien gewesen, obwohl ich für Kühne & Nagel bereits in Afrika Erfahrungen gesammelt und auch in Kairo gelebt hatte. Ich verkaufte alles in der Schweiz, ausser meinem Domizil in Davos und war drei Wochen später in Hong Kong. Dann geschah Mitte der Neunziger Jahre der Pensionskassenskandal über 150 Millionen CHF Schaden bei der Landis & Gyr im Zusammenhang mit fehlerhaften Berechnungen zur benötigten Deckung der Forderungen der Destinatäre. In diesem Zusammenhang musste ich nach zwei Jahren Asien in die Schweiz zurückkehren und konnte so Erfahrungen im Pensionskassenwesen gewinnen. Ich wurde sodann beim Unternehmen Finanzchef von Europa. Danach erlebte ich die unglaublich spannende Zeit der Fusionen. Landis & Gyr schloss sich mit Stäfa Control zusammen, später kam Cerberus von Elektrowatt hinzu, man suchte einen Finanzchef für das neue Konstrukt und ich konnte diese Aufgabe übernehmen. Nach der bereits angesprochenen Liquiditätsklemme der damaligen Credit Suisse wurde die Elektrowatt an die Siemens verkauft. Mit dieser Transaktion wurde ich zum Bereichsvorstand des Siemens-Konzerns und somit Teil des Top-50-Zirkels, das als jüngstes Mitglied und als Schweizer. In diesem Zusammenhang hatte man natürlich schon etwas Minderwertigkeitskomplexe. Da zahlreiche Topführungskräfte die englische Sprache weniger gut beherrscht hatten, war damals die Konzernsprache Deutsch, was mich erstaunte. Mein grosser Vorteil war, dass ich gut Englisch sprechen konnte. Rückblickend kann ich festhalten, dass ich einiges geplant hatte. Ich wusste, falls ich irgendwann als Finanzchef tätig sein wollte, musste ich einige Felder gut besetzen können. Man benötigt eine gute Ausbildung, die entsprechend so erworbenen Kompetenzen, und es braucht auch eine gute Portion Glück. Ich war zum richtigen Zeitpunkt am richtigen Ort. Aber ich benötigte auch Menschen, die mich förderten und forderten. Ich kann mich an eine Situation erinnern, in der, wie ich verschiedene Änderungen vorgeschlagen habe, ein Vorstandsmitglied des Siemens-Konzerns zu mir gesagt hat, dass ich mit meiner hohen Entlöhnung dafür bezahlt sei, die Situation zu dulden und einfach dabei zu bleiben hätte. Ich nahm das entgegen und versuchte dennoch im Hintergrund die Dinge in die richtige Richtung zu lenken. Später lobte mich dieses Vorstandsmitglied explizit für mein Handeln. Ich hatte somit stets Glück, von guten Menschen umgeben zu sein. Dafür bin ich dankbar. Entscheidend war jedoch für mich, dass ich frühzeitig Eltern und Bekannte hatte, die mir berufliche Wege und die richtigen Werte aufzeigten. Das ist etwas, was ich auch heute versuche: anderen Menschen und jungen Berufsleuten aufzuzeigen, was man tun könnte und vielleicht auch unterlassen sollte. Man sollte verhindern, dass gute Leute, insbesondere bei den angesprochenen Zusammenschlüssen, zu Verlierern gestempelt werden. Beispielsweise war die Landis & Gyr Kultur viel stärker als die bei der Stäfa Control. Aber man benötigte beide. Es waren grossartige Momente, um entsprechende Erfahrungen zu sammeln und Menschen für gemeinsame Ziele zu gewinnen. Diese weichen Faktoren zu steuern ist wichtig, und das ist mir auch gelungen, was mir viel Freude bereitet hat.

PK *Raoul, du hast im Jahr 2009 die Reuss Private Group mitgegründet. Das ist bei allem notwendigen Respekt kein riesiges Unternehmen und ist möglicherweise auch zumindest zu Beginn nicht gleich wie die UBS durchstrukturiert gewesen. Wie war das damals für dich, zum KMU-Unternehmer zu werden?*

RW Ja, gut, ich wurde quasi zum Zwangsunternehmer. Es verlief folgendermassen: Meine Karriere beim Bankverein und bei der UBS entwickelte sich enorm rasant. Mein Generaldirektor sagte mir, als ich dreissig Jahre alt war, dass ich ins Ausland gehen sollte, zuerst ein halbes Jahr nach New York, ein halbes Jahr nach London und ein weiteres Semester nach Singapur, damit ich mir Auslanderfahrung erwerben konnte. So ging ich nach New York. Als er mich im November in New York besuchte, eröffnete er mir einen Planwechsel. Ich hätte am 5. Januar in Monaco zu starten. Wir hätten dort einen Direktor, der keine Ahnung vom Private Banking habe, und ich sei mit der Reorganisation der Bank in Monaco beauftragt. Danach fragte ich, wann ich nach Singapur aufbrechen dürfe. Auch änderten sich die Pläne wieder und ich musste zur Zentrale nach Basel zurückkehren, um das Auslandsgeschäft mit aufzubauen. Wir, mein damaliger Chef und ich, waren allein mit dieser Aufgabe betraut. Ich war für rund 15 Standorte im Ausland mit dem Auftrag zuständig, sie aufzubauen. Wir suchten damals mit dem Controlling, wo die grössten Probleme lagen. Am meisten Geld verloren wir in New York. Mein damaliger Vorgesetzter sandte mich nach New York mit dem Auftrag, die Situation vor Ort zu beurteilen. So ging ich wieder nach New York, wo wir jedes Jahr rund 10 Millionen CHF verloren. So durfte ich das Geschäft restrukturieren und wir suchten einen neuen Verantwortlichen. Danach haben wir keinen gefunden. Keiner der etablierten Direktoren wollte sich die Finger verbrennen, sie hatten einen guten Job in Zürich und waren mit Familie und Einfamilienhaus gut situiert. So kam man zum Schluss, mir mit meinem 34 Jahren diese Aufgabe zu übertragen.

PK *Das war im Jahr 1994 …*

RW Ja, ich wurde zum Chef Private Banking in New York und musste damals gleich rund ein Drittel des Personals abbauen, um das erste Mal in der 30-jährigen Geschichte schwarze Zahlen zu realisieren. Dann ging es weiter nach Asien. Es ging unglaublich schnell vorwärts und ich wurde mit 35 Jahren zum Direktor und mit 39 zum Generaldirektor ernannt. Mit 45 Jahren wurde ich Mitglied der Konzernleitung. Darum war die Frage der Selbständigkeit für mich nie ein Thema. Ich hatte zwar stets das Gefühl, dass ich von meiner Mentalität her eher eine eigene Firma aufbauen sollte. Aber es ging derart schnell vorwärts und die Opportunitätskosten für die Selbständigkeit waren deshalb entsprechend enorm hoch. 2008 wurde ich im Rahmen des US-Steuerstreits angeklagt, was mich zu einer beruflichen Neuorientierung zwang. Ich überlegte mir, was ich nun tun sollte. Ich beschäftigte mich damit, eine Dissertation zu verfassen, da ich das mit meinem damals 24 Jahren, als ich die Universität möglichst rasch verlassen wollte, unterlassen hatte. Ich wollte damals nicht nochmals zwei Jahre Studium anhängen, sondern vielmehr meine berufliche Karriere lancieren. Ich verwarf dann aber diese Idee, da ich mit beinahe 50 Jahren meine Zeit nicht mit dem Schreiben eines theoretischen Werkes verschwenden wollte. Danach gründete ich zufallsbedingt die Reuss Gruppe mit damals rund dreissig Mitarbeitenden. Sie bestand aus einem schweizerischen und einem deutschen Teil, der mit einer kleinen Organisation in Liechtenstein komplettiert wurde. Ich wurde somit Teilhaber und Mitbesitzer dieses Unternehmens und beinahe zwangsweise Mitinhaber des damaligen kleinen KMUs. Als wir Ende 2010 die Reuss Private Group aufsetzten, war ich einer von sieben Teilhabern und Managing Partner. Am Anfang lief es nicht besonders gut – in den ersten drei Jahren mussten wir kämpfen. Ein Bankkredit zur Finanzierung stand uns nicht offen und wir mussten die notwendigen Mittel anders aufbringen. Wir bauten das auf. Anfänglich lief die Entwicklung in die falsche Richtung und wir mussten eine Neuausrichtung durchführen. Der langen Rede kurzer Sinn: Heute zählen wir nach 10 Jahren 200 Mitarbeitende und wir stellen somit heute ein grösseres KMU dar. Wir haben nur einen kleinen Bankkredit. Obwohl wir im Finanzbereich tätig sind, wollen wir in dieser Beziehung nicht auf Banken zählen müssen. Im Nachhinein komme ich zum Schluss, dass ich mich idealerweise gegen Ende dreissig hätte selbständig machen sollen, falls meine Karriere beim Bankverein bzw. der UBS nicht derart rasant verlaufen wäre. Und ich wäre wohl schliesslich auch auf diesem Weg glücklich geworden. Auf eine Art war das auch eine verpasste Chance.

ICH KAM ALS UNTERNEHMER SPÄT ZUM HANDKUSS, DAS IN EINEM ALTER, IN DEM MAN SO ETWAS NORMALERWEISE NICHT MEHR SELBST STARTET.

PK *Was waren die aus deiner Sicht entscheidenden Marksteine auf deinem Weg, wenn du auf deine bewegte und auch extrem beeindruckende Karriere zurückschaust? Welche High- oder vielleicht auch Lowlights bleiben in deiner Erinnerung haften?*

RW Ja gut, im Nachhinein überwiegen die Highlights. Es ist ein guter Fakt, dass die guten Erinnerungen länger haften bleiben. Zu den Höhepunkten zähle ich sicher, dass man mich nach New York zur Sanierung des Geschäfts entsandte, auch meine Erfahrungen während der Asienkrise. Festzuhalten ist, dass diese Krise viel brutaler war als die Verwerfungen im Jahr 2008. Ich kann mich an einen Kunden mit 2 Milliarden Vermögen erinnern. Er hatte 4'000 Wohnungen in Jakarta gebaut. Die entsprechende Währung war um 95 Prozent abgewertet worden und der 400-Millionen-Kredit lautete auf US-Dollars. Die Bauunternehmer zogen die Kräne ab und verschoben sie nach Dubai. Es verblieb eine Baustelle auf dem Niveau von Parterre und 1. Stock. Diese Zustände bzw. diese Situation haben mich schon geprägt. Es war jedoch auch ein Highlight, diese herausfordernde Situation zu meistern. Ich kann mich daran erinnern, wie ich diesen Kunden, einen Chinesen, besuchte und den Kreditbetrag einfordern musste. Danach eröffneten wir zuerst eine Hypothek auf eine Liegenschaft in Washington D.C. Mit dieser Belehnung einer grossen Liegenschaft schufen wir Sicherheiten über 50 Millionen, um den Kredit zu decken. Danach gingen wir nach Singapur in ein Lager für Kunst. Wir schauten uns dort die Sammlung des Kunden an und organisierten einen professionellen Fotografen, der entsprechende Aufnahmen machte. So erlangten wir auch Belege der Auktionshäuser Sothebys und Christies. Es fehlte schliesslich noch ein Millionenbetrag an zusätzlichen Sicherheiten, um den Kredit zu decken. Der Kunde verfügte noch über einen Van Gogh und ausserdem über zweitausendjähriges chinesisches Porzellan. Ich sagte dem Kunden schliesslich, dass ich zusätzliche Sicherheiten benötigen würde, und fragte ihn, was er mir dazu übertragen könne. Der Chinese sagte mir darauf, dass er das Porzellan lieber behalten möchte. Aus diesem Grund nahm ich den Van Gogh als weitere Deckung der Ausstände in Gewahrsam. Ich war stolz auf diese Entwicklung und rief den zuständigen Kreditchef an. Ich teilte ihm mit, dass die Kreditlücke nun beinahe geschlossen sei. Er zeigte sich gelinde gesagt wenig begeistert über diese Entscheidung. Ich erwiderte dem Verantwortlichen, dass ich mich in dieser Situation auch mit einem Paar Turnschuhe begnügt hätte. Diese Erfahrung war für mich ein zweites Highlight, nämlich eine echte Krise selbst zu durchleben, die vermutlich ähnlich wie in den 30er Jahren des vormaligen Jahrhunderts in den Vereinigten Staaten war. Ein drittes Highlight war sicher der Aufbau des Vermögensverwaltungsgeschäfts in Europa, wo die UBS damals nicht vertreten war. In ungefähr drei Jahren haben wir damals eine ziemlich substantielle europäische Bank aufgebaut. Das letzte Highlight war der erfolgreiche Aufbau meiner Selbständigkeit. Nach sechs bis sieben Jahren, mit viel Hängen und Würgen beschäftigten wir schliesslich rund hundert Mitarbeitende. Das war aus meiner Sicht eine Wegmarke.

PK *Rolf, um zum Schluss zu kommen, was waren aus deiner Sicht deine Schlüsselziele, die du erreichen konntest, und was hast du noch vor dir?*

RR **AUS MEINER SICHT SIND HIGHLIGHTS EHER PHASEN, DIE EINEM IN DER ENTWICKLUNG PRÄGEN.**

Ich vergesse nie den Moment, in dem ich Teil der Top 50 des Siemens-Konzerns wurde und als mich der Vorstandsvorsitzende der Siemens, Heinrich von Pierer, anrief und uns mitteilte, dass wir bei einer damaligen 2%-EBIT-Marge eine Zielsetzung von 7 Prozent in zwei Jahren zu erreichen hätten. Wegen der Vielzahl von Fusionen, der hohen Investitionen und des Umbaus des Geschäftsmodells mit Ablösung von Produkten waren wir trotz klarer Zielsetzungen mit einer ungenügenden Profitabilität konfrontiert. Mit dieser anspruchsvollen Grösse konfrontiert, mit rund 40'000 Mitarbeitenden und einem Umsatz von etwa 7 bis 8 Milliarden waren wir herausgefordert, die Organisation auf Zielkurs zu bringen. Das war einer der schlimmsten Momente, aber zugleich auch einer der wertvollsten. Ich konnte damals viel beitragen, weil ich die Landis & Gyr, die Stäfa Control, die Cerberus und die Elektrowatt-Geschichte und deren Kulturen gut kannte. Die Stärken und Schwächen waren mir bewusst. Wir waren jedoch noch nicht so weit, dass wir die Ernte der Saat, die wir gesetzt hatten, bereits einfahren konnten. Es verschaffte mir dabei grosse Befriedigung, dass ich als Innenminister das Steuerrad in die richtige Richtung lenken durfte. Das war das Highlight. Wenn ich heute zurückschaue und feststelle, dass man aus dem Bereich Gebäudetechnik, der ursprünglich als Verkaufskandidat galt, da er weniger erfolgsversprechend schien, die Basis des künftigen Erfolgs geschaffen hat, erfüllt mich das mit Stolz. Man hatte ein irrsinniges Inventar an Lösungen und Produkten, das über 125 Jahre aufgebaut worden war, auf der gesamten Welt angeboten und dabei das sogenannte Servicegeschäft vernachlässigt. Im Solution-Teil erwirtschafteten wir bei einem Marktanteil von 30 Prozent einen Verlust von 2 Prozent. Diesen Teil mussten wir ein wenig, jedoch nicht zu stark reduzieren, da wir mit dem Verkauf von Produkten und Dienstleistungen die Basis für das Servicegeschäft schufen, das sehr profitabel war. Die richtige Kombination dieser Geschäftsfelder, die Organisation und die Mitarbeitenden insbesondere auch in der Peripherie dafür zu begeistern, war der Schlüssel zum Erfolg. Eine Erfahrung darunter vergesse ich nie: Als bei der Herausgabe von Zielen festgelegt wurde, was insbesondere in den USA zu erreichen sei. Dort war ich als Group CFO für die rund 110 Niederlassungen mit rund 8'000 Personen mitverantwortlich. Die Manager dieser Niederlassungen teilten mir damals mit, dass sie die Ziele alle erreicht hätten und keine weiteren Initiativen durch die Konzernzentrale notwendig seien. Ich konnte das aufgrund der Ausgangslage nicht nachvollziehen. Aus Sicht der Niederlassungen war die Profitabilitätszielsetzung über 7 Prozent erreicht, jedoch ohne die Kosten der USA-Zentrale zu berücksichtigen. Und plötzlich musste ich als Buchhalter offenlegen, dass hier 2 bis 3 Prozent zur Kostenwahrheit fehlten. Mir wurde bewusst, wie wichtig die richtige Art der Kommunikation war, das gegenseitige Verständnis für das gemeinsame Ziel zu schaffen. Wir dachten, das wäre klar, obwohl gar nichts klar war. Die Klärung war der Schlüssel zum Erfolg. Wenn ich heute diesen Bereich bei Siemens anschaue, stelle ich fest, dass er mit einer EBIT-Marge von 10 bis 12 Prozent heute zu den gewinnträchtigsten zählt. Das war damals unvorstellbar und erfüllte mich am meisten mit Stolz. Als ein wenig kleinkarierter Schweizer tituliert, wurde einem von den Amerikanern wenig Gesamtverstand zugetraut. Auch die Chinesen taten oft etwas anderes, als sie vorgaben. Mein Vorteil als Controller war, dass ich die Geschehnisse engmaschig verfolgen konnte. Ich habe verstanden, welche messbaren Kontrollpunkte installiert werden mussten. Damit haben wir auch unsere Ziele erreicht.

PK *Ich danke euch beiden für das angeregte Gespräch und für den Einblick in euer berufliches Wirken und Leben.*

TONY PFYL

Chirurg, Dr. med. FMH

Welche bleibenden Erinnerungen verbinden dich mit unserem Club?

Meine grösste Erinnerung während meines Präsidialjahres war das Vorweihnachtskonzert, das ich mit Ernst organisieren durfte. 700 Leute versammelten sich in der Kirche Ennetbaden, um John Brack, Simon Estes und Maja Brunner zu erleben. Mit den Einnahmen unternahmen wir zwei Ausflüge mit der Organisation ZEKA.

Besonders bemerkenswert war auch der Ausflug mit Peter Müller nach London. Damals nahm man sich noch Zeit, ein paar Tage für ein besonderes Erlebnis zu reservieren. Schliesslich waren wir sonst im allgemeinen Arbeitsalltag unterwegs!

Ein weiteres Highlight war, dass wir für den Zirkus Arabas eine neue Location gefunden haben und dort einen grösseren Anlass mit ihnen durchführen konnten.

Was bedeutet dir persönlich die Mitgliedschaft?

Als mich René Wiederkehr gefragt hat, ob ich mir vorstellen könnte, bei ihnen mitzumachen, hat mich die Lions-Idee fasziniert. Es hat mich vor allen dazu gebracht, die Lions-Idee in den Alltag einzubringen – sei es im Umgang mit anderen Menschen, in meinem eigenen Geschäft mit den Angestellten oder im Freundeskreis im Club selbst.

Natürlich gibt es im Club verschiedene Interaktionen, wie auch im restlichen Leben. Es erscheint mir sinnvoll, sich ausserhalb der Familie, der Freunde und des Geschäfts für unsere Gesellschaft zu engagieren.

DIE FRAU IM RECHT.
WAS BLEIBT NOCH ZU TUN?

Lions-Meeting vom 16. Mai 2023: Gespräch mit Sandra De Vito und Petra Rohner

Einordnung und roter Faden

Am 16. Mai 2023 haben wir uns im Gespräch mit Sandra De Vito und Petra Rohner zum Thema «Die Frau im Recht – Was bleibt?» unterhalten. Vor rund zwei Jahren wurde Sandra De Vito als erste Frau in der Schweiz an die Spitze einer führenden Wirtschaftskanzlei gewählt. Die Managing-Partnerin der Bratschi AG und angehende Pilotin sagte in einem Interview, sie unterscheide nicht zwischen den diversen Rollen, die man ihr attestiert, sondern sie sei einfach sie selbst, und lässt sich in einem Artikel wie folgt zitieren: «Es gibt keine Grenzen zwischen der Anwältin, der Managing-Partnerin und der Mutter.» Und sie zweifelt das Work-Life-Balance-Credo an.

Petra Rohner ist als Keynote-Speakerin, Seminarleiterin und Autorin zum Thema Digitale Sichtbarkeit tätig. Seit 15 Jahren befasst sie sich mit den Veränderungen des Arbeitsmarktes durch den Einfluss der Online- & Offline-Vernetzung. Sie legt mit ihrer Firma PR Consulting GmbH den Fokus auf die Beratung von Fach-und Führungspersonen im beruflichen Veränderungsprozess. Als Gründerin und Präsidentin der Stiftung SWONET-Swiss Women Network ist es ihr ein besonderes Anliegen, dass sich insbesondere Frauen mit der (digitalen) Kommunikation und Vernetzung sowie deren Chancen befassen.

Unser Gespräch um Themen wie eigene Zielsetzungen, Opportunitäten, High- und Lowlights sollte aufzeigen, wie im heutigen – und vergangenen – Geschehen Frau und Mann ihren beruflichen Lebensweg meistern.

Pascal Koradi *Das Thema unseres heutigen Gesprächs lautet: Die Frau im Recht, was bleibt noch zu tun? Welche Relevanz hat diese Frage aus deiner Sicht heute noch?*

Petra Rohner Es ist ein absolut relevantes Thema. Ich habe mir dazu mit meiner Gesprächspartnerin Sandra im Vorfeld einige Gedanken gemacht. Ich möchte gleich zu Beginn den Fokus von der rein rechtlichen Betrachtungsweise etwas abziehen und mehr auf die Diskrepanz zwischen eigentlichem Recht und Rechtsempfinden eingehen, insbesondere bei gesellschaftlichen und persönlichen, emotionalen Fragestellungen. Daher ist das ein spannendes Thema, das weiterhin unsere volle Aufmerksamkeit erfordert.

PK *Teilst du diese Einschätzung, Sandra?*

Sandra De Vito Das ist absolut richtig.

RECHT IST NICHTS ANDERES ALS PSYCHOLOGIE.

Auf der einen Seite haben wir das Recht, in dessen Zusammenhang es wichtig ist, dass das Gesetz vom Volk getragen wird, also dem entspricht, was für das friedliche Zusammenleben relevant ist. Auf der anderen Seite geht es um die Anwendung, das sogenannte Handling von Menschen und Situationen, also darum, darauf zu achten, dass man das Recht respektiert und gleichzeitig dem Gerechtigkeitsempfinden des Klienten gerecht wird. «Die Frau im Recht» ist aus meiner Sicht kein Thema. Selbstverständlich hat es in der Schweiz einige Zeit gedauert, bis Frauen am politischen Prozess vollends haben partizipieren können. Ich bin 1973 geboren und habe keine Diskriminierung als Frau wahrgenommen. Ich habe das nicht erlebt. Manchmal ist man irgendwo angestossen, dann galt es, einen nächsten Versuch zu wagen. Die Wege sind in der Schweiz stets vorhanden. Das gilt für alle Menschen, egal ob Mann oder Frau.

PK *Petra, du bist eine famose Netzwerkerin. Hätte ich eine Chance aufgenommen zu werden, falls ich die Idee hätte oder gar den Anspruch stellen würde, Mitglied im SWONET zu werden?*

PR Ja, über ein Netzwerk das bei SWONET registriert ist. Vielleicht ganz kurz erklärt, worum es beim SWONET-SWISS WOMEN NETWORK geht. Ich bin Präsidentin dieser

Stiftung, die ich gegründet habe. Sie bietet aktuell über 200 Frauenorganisationen und seit 2021 auch Männerorganisationen eine gemeinsame Kommunikationsplattform. In den letzten fünf Jahren haben sich Männernetzwerke gebildet, die das Stereotyp «Der Mann in der Gesellschaft» diskutieren. Es ist aus meiner Sicht spannend, wie und unter welchen Aspekten das Thema bearbeitet wird. So kam die Frage auf, warum es kein SWONET für Männer gibt. Ich habe pragmatisch entschieden, dass diese Plattform auch eine neue Rubrik haben kann und so die Männer integriert werden können.

PK *Das ist in etwa das Vorgehen der Lions Club Organisation, einfach in umgekehrter Reihenfolge ...*

PR Noch ganz kurz erklärt: Rechtlich gesehen ist die Gleichstellung von Mann und Frau erreicht. Es gibt dennoch sehr viele Bereiche, in denen noch vieles zu tun ist. Das kann nicht von Frauen oder Männern allein erledigt, sondern nur durch die Geschlechter gemeinsam erreicht werden. Daher müsstest du dir einfach ein Männernetzwerk aussuchen, das bei SWONET angeschlossen ist. Und ... herzlich willkommen!

PK *Ich habe gesehen, dass ihr ein Angebot «50 plus» bereithaltet. Da habe ich mich direkt angesprochen gefühlt ...*

PR Ich habe eben immer zwei Hüte auf. Auf der einen Seite ist das die Stiftung und auf der anderen Seite sind das die Themen, die ich beruflich bearbeite. Dort steht das Thema «50plus» im Vordergrund. Da es auch Netzwerke gibt, die dieses Thema ansprechen, vermengen sich diese Aspekte manchmal.

PK *Sandra, wenn du hier in die Runde schaust, erblickst du neben unseren weiblichen Gästen nur Männer. Wir sind oft unter uns Clubmitgliedern. Wie beurteilst du das: Hat ein Verein, der statutarisch nicht definiert, einzig aus Männern besteht, überhaupt eine Zukunft? Und ist das noch zeitgemäss? Wird das irgendwann sogar auch aus rechtlicher Sicht nicht mehr möglich sein?*

SDV Rechtlich ist es einfach. Die Freiheiten sind in unserem Land garantiert. Und hierzu gehört auch die Vereins- und Versammlungsfreiheit. Dazu zählt auch, dass man sich in der Form treffen darf, die man für richtig hält. In der gesamten Debatte um die Gleichstellung sehe ich diese Freiheiten als zentral an. Die andere Frage ist der gesellschaftliche Aspekt. Kann man als Mann in der Öffentlichkeit fordern, dass man einen reinen Männerclub will? Ihr tut das. Es ist sicher schwierig, da man mit zunehmendem Gegenwind zu rechnen hat. Man kann jedoch auch die Auffassung vertreten, dass man dieses Credo hat und sich in dieser Überzeugung nicht einfach umstossen lassen möchte. Man könnte sich jedoch auch fragen, was so schlimm wäre, einmal zu testen, es anders zu machen. Das Unbekannte macht einem auch stets ein wenig Angst. Das kenne ich auch von mir persönlich.

PK *In der Einladung zum heutigen Anlass habe ich eine Interviewaussage zitiert, in der du festhältst, dass du nicht zwischen deinen Rollen als Anwältin, Managing-Partnerin und Mutter unterscheiden würdest. Warum hast du das so gesagt?*

SDV Weil man mir immer gesagt hat, dass das nicht gehe. Die verschiedenen Rollen seien nicht vereinbar. Ich habe das reflektiert und festgestellt, dass ich mich selbst gar nie so gesehen habe. Ich teile mich nicht in drei Personen auf. Ich bin stets ich. Ich bin einfach jeweils mit einer anderen Aufgabe befasst. Ich habe mich gerade vorher mit einer anderen Mutter über unsere Kinder im Teenageralter unterhalten. Im nächsten Moment setze ich mich im Unternehmen mit einer operativen Frage auseinander. Manchmal sind die Grenzen sehr fliessend. Am Schluss hat der Tag 24 Stunden. Neben dem notwendigen Schlaf beschäftige ich mich mit den Aufgaben, die sich mir in meinem Leben stellen. Wenn man es so begreift, ist es einfach.

PK *Petra, du beschäftigst dich seit rund 15 Jahren mit digitalen Netzwerken. Hast du die Erfahrung gemacht, dass Frauen sich die beruflichen Netzwerke haben erobern müssen?*

PR Ich glaube, man muss sich dabei ansehen, welche Bedeutung Netzwerke für Frauen hatten. Das Erreichte in der Gleichstellung von Mann und Frau Erreichte ist schliesslich über Netzwerke entstanden. Frauen haben sich zusammengetan und Themen bearbeitet, die gesellschaftliche, rechtliche und politische Veränderungen erfahren haben. Deshalb ist Netzwerk nach wie vor für sie extrem wichtig. In der heutigen Zeit haben Netzwerke verschiedene Komponenten: bei der Stellensuche, bei beruflichen Fragestellungen, aber auch bei persönlichen Themen. Deshalb sind spezifische Frauen- und Männernetzwerke für viele Personen wertvoll. Solange die Frau die Einzige im Gremium ist, bleibt sie allein und ihr fehlt die Ansprechpartnerin für den Gedankenaustausch. Aus diesem Grund haben sich in den letzten Jahren auch die Business-Netzwerke für Frauen gebildet.

In vielen Unternehmen waren die Frauen auf ihrer Ebene allein. Innerhalb dieser Netzwerke konnten sich die Frauen auf Augenhöhe austauschen. Ich persönlich glaube, wir sollten wegkommen von der Haltung, was sein solle oder sein dürfe, vom Urteil darüber, was richtig oder falsch sei. Jedes Netzwerk hat irgendwo seine Berechtigung. Und wenn ein Bedürfnis für ein reines Männernetzwerk besteht, soll das auch so sein. Für mich ist es spannend, wie in den letzten fünf Jahren insbesondere Männernetzwerke entstanden sind, die das gesellschaftliche Bild des berufstätigen Vaters diskutieren wollen, um sich auszutauschen und gemeinsam vom so entstehenden Netzwerk zu profitieren.

PK *Petra, ist das ein branchenspezifisches Phänomen? Wir haben uns jüngst an einem Anlass im Bausektor getroffen, an dem nicht allzu viele Frauen vertreten waren, bei dem du über die Nutzung von digitalen Netzwerken referiert hast. Ist beispielsweise das Verhalten in Netzwerken in der Baubranche anders als im Kommunikationssektor?*

PR Nein, ich denke, wir sollten Netzwerke zuerst nach ihrer Struktur unterscheiden. Es ist ein Unterschied, ob Menschen in Vereinsstrukturen zusammenkommen in der sie Gemeinsamkeiten finden, oder ob es eine Themenverbindung ist, die wir mehr im digitalen Umfeld finden. Ich beschäftige mich insbesondere mit der digitalen Business-Vernetzung, die aus meiner Sicht massiv unterschätzt wird und professionell eingesetzt, wenig mit der privaten digitalen Kommunikation zu tun hat. Bei dieser Art von Kommunikation auf Unternehmensebene gilt es am Ball zu bleiben, sonst wird man irgendwann abgehängt. Ist man nun in einer Branche beschäftigt, insbesondere in einer männerlastigen, ist das Verharren in ihr für die Kommunikation keine Option. Frauen sind auch Kundinnen. Kommunikation umfasst hier die Ansprache von Männern und Frauen und das Thema muss viel breiter angedacht werden.

PK *Petra hat vorher den notwendigen Gedankenaustausch zwischen Frauen angesprochen. Sandra, in deiner Branche, bei anderen Rechtskanzleien sind an der Spitze vorwiegend Männer anzutreffen …*

SDV Ja, das ist so.

PK *Ist das aus deiner Sicht für dich eine wahrnehmbare Barriere oder ist es für dich nicht von Relevanz?*

SDV Nein, es war tatsächlich nicht relevant. Ich wurde in einer Männerdomäne gross. Ich war stets eine von ganz wenigen Frauen. In dieser Rolle muss man sich wohl fühlen. Dann ist das o.k. Im Gedankenaustausch mit meinen Herren Kollegen habe ich immer profitiert und vielleicht auch etwas zurückgeben können. Klar, jetzt habe ich Kontakte mit weiblichen CEOs und Spitzenkräften in anderen Unternehmen. Gerade jüngst konnte ich die CEO der Alpiq kennenlernen. Das ist tatsächlich ein anderer Gedankenaustausch. Und ich beginne zu begreifen, was mir in den letzten 20 Jahren vielleicht ein wenig gefehlt hat. Ich war mir dessen wenig bewusst. Man startet ein Gespräch und man merkt, dass man sich sofort auf dem gleichen Level bewegt. Die kurze mentale Barriere, die manchmal zwischen Männern und Frauen existiert, ist zwischen Frauen nicht vorhanden. Und wir reden nicht über Kinder oder weitere «typische» Frauenthemen, sondern besprechen uns zu Businessfragen. Der Gesprächseinstieg startet an einem anderen Punkt und das empfinde ich als sehr spannend. Ich habe dieses Thema einmal in einer Gesprächs-runde aufgebracht. Es ging dabei um das Thema Kommunikation, insbesondere wie sie wertschätzend erfolgen kann. Ich habe das überwiegend als Frauenthema verstanden. Danach sind jedoch Männer auf mich zugekommen und haben angemerkt, dass ich hier falschläge. Auch sie beschäftige das. Nur hätte ich als Frau auszusprechen gewagt, dass ich auch gerne Wertschätzung erfahren würde, was ein Mann weniger tue. Diese Beob-achtung bringt mich zum Thema zurück. Entscheidend ist, welche Erfahrung man auf dem beruflichen Weg als Mann oder Frau gemacht hat. Heute hat sich die Situation in der Berufswelt wohl deutlich geändert. Vielleicht sind Frau und Mann in dieser Beziehung gar nicht so verschieden, nur die jeweiligen Erfahrungen haben sie unterschiedlich geprägt.

PK *Ich habe das Glück, Sandra bereits sehr lange zu kennen. Wir haben zusammen die Kantonsschu-le in Zürich absolviert. Ich kann mich gut erinnern, dass ich meine Maturaarbeit über Heinrich Mann verfasste habe, eine Arbeit, die niemand interessiert hat, nicht einmal mich selbst. Und Sandra hat sich dem Thema Mafia gewidmet. Wie weit hast du damals schon gewusst, wie das Ganze enden wird?*

SDV Ehrlich gesagt gar nicht. Die Idee zum Jusstudium war insbesondere durch mei-nen Vater geprägt. Mit 18 Jahren wollte ich Schauspielerin werden, wobei mein Vater anmerkte, dass ich zuerst einmal Geld verdienen solle. So bin ich schliesslich bei der Juristerei gelandet. Nein, es war nicht vorgesehen und auch nicht, was danach alles kam. Es ist jedoch ein unglaublich spannendes Gebiet, was man anfänglich gar nicht vermuten würde, da man dahinter eine trockene Materie vermutet. Das entspricht jedoch gar nicht der Realität. Hinter jedem Fall steht eine Geschichte. Man hat Einblick in unglaublich viele Unternehmen. Man hat viel mit CEOs und Verwaltungsräten, aber auch mit einem ganzen Unternehmen zu tun. Das hat mich gepackt und das mache ich nach wie vor gerne.

PK *Auch du, Petra, hast auf deinem Weg viel mit Menschen beiden Geschlechts zu tun. Du beschäftigst dich auch mit Personen, die sich in einer weniger positiven Situation befinden, als sie sich das vorgestellt haben. Du bietest auch Unterstützung zum Thema Outplacement an. Gehen Frauen und Männer mit diesen Themen unterschiedlich um? Oder bediene ich mich hier eines Stereotyps, das es heute so nicht mehr gilt?*

PR Sie gehen anders damit um. Vielleicht kurz erklärt: Beruflich begleite ich stellensuchende Fach- und Führungskräfte. Ich versuche ihnen dabei zu erklären, wie man die digitalen Netzwerke nutzen muss, weil sich der Bewerbungs- und Rekrutierungsprozess verändert hat. Ich beobachte seit Jahren, insbesondere bei der Generation 50 oder 55plus, dass sehr oft jemand nach dem selbst- oder fremdbestimmten Stellenverlust nur eine gleichartige Funktion mit gleichem Titel und in der gleichen Branche im Fokus hat. Das funktioniert heute meistens nicht. Viele Personen haben sich ihre jetzige berufliche Stellung über einen weiten Weg erarbeitet. Der jeweilige berufliche Lebenslauf ist aber oft nicht mit dem Anforderungsprofil der ausgeschriebenen Stelle kompatibel.

AUS DIESEM GRUND STELLE ICH STETS DIE FOLGENDE FRAGE ZUERST: WER BIST DU NOCH, WENN DU DIE POSITION, DEN TITEL UND DAS UNTERNEHMEN NICHT MEHR HAST?

Ich beobachte dabei, dass sich Frauen mit dieser Frage eher auseinandersetzen und auch schneller eine andere Richtung einschlagen, wobei sie ihren beruflichen Erfahrungsschatz anderweitig nutzen und bereichern wollen. Das ist bei Männern oft ein schwieriges Thema. Je höher die erreichte berufliche Position ist, desto schwieriger kann die genannte Frage beantwortet werden. Es ist ein wichtiges Thema, das Zeit benötigt. Frauen lassen sich weniger oft auf eine Funktion reduzieren. Die klassische Männerkarriere in der Vergangenheit war oft auf das Erreichen einer Zielposition fokussiert. Und wenn dieser Fokus verloren geht, wird es schwierig.

PK *Du schilderst deine Beobachtung. Wie begründest du das?*

PR Ich bemerke in den Gesprächen, dass Frauen in ihrem Denken schneller auf ihren Rucksack an Erfahrung und Wissen schauen und so einen breiteren Horizont haben als Männer, die primär ihre jetzige Position und ihren Titel im Fokus haben. Frauen können dabei oft einfacher formulieren, welche Qualitäten sie für künftige, abweichende Positionen einbringen können.

PK *Ich schaue in die Runde und stelle fest, dass die schweigende Mehrheit diesen Ausführungen zustimmt. Verstehe ich das richtig?*

Frage aus dem Publikum Welche Rolle spielt die finanzielle Situation beim Umdenken in diesen Fragen? Das ist doch auch ein relevantes Thema?

PR Ja, das ist ein Thema. Ich möchte das auf den Punkt bringen. Wenn ich über 50 Jahre alt bin, nur auf die berufliche Position und den Titel schaue und es schwierig ist, eine gleichartige Stelle zu finden, brauche ich sehr lange, mich mit meiner Situation auseinanderzusetzen, und die finanziellen Konsequenzen können bedeutend sein. Ich habe Kandidaten, die seit anderthalb Jahren auf Stellensuche und erst jetzt bereit sind, sich mit dieser Frage auseinanderzusetzen. Kaum merken sie, dass sie viel mitbringen, was sie an anderen Orten einbringen könnten. So geht aus meiner Sicht zu viel Zeit verloren. Ich rate allen Menschen, die über 50 Jahre alt sind, dass sie sich überlegen sollten, ab 60 Jahren beruflich selbständig zu werden und Beratungsangebote oder andere Angebote bereitzustellen. Der schweizerische Arbeitsmarkt ist von KMU getrieben und die Nachfrage ist vorhanden, was der Generation 60+ neue Chancen ermöglicht. Nur handelt es sich dabei nicht immer um eine unbefristete Anstellung mit einem 100-Prozent-Pensum. Wenn man ab 60 Jahren beruflich selbständig Mandate bewirtschaften möchte, muss man sich vorher mit diesem Thema aktiv auseinandersetzen. Welches Angebot kann ich tatsächlich bereitstellen? Das sollte unabhängig von der Position oder Aufgabe sein, die ich heute ausführe.

PK *Sandra, es ist öffentlich bekannt, dass du mich in der sogenannten Post-Auto Affäre verteidigst. Nun ist das ja nicht der einzige Fall, in dem eine öffentliche Person aufgrund ihrer Lage ihren Titel und ihre Funktion aufgibt. Siehst du in solchen Situationen auch die Differenzen zwischen Mann* *und Frau bei entsprechendem Umgang damit, wenn du das von Petra Gesagte reflektierst und dir deine Erfahrungen hierzu vor Augen hältst?*

SDV Am Anfang gibt es keinen Unterschied, wenn man mit einer solche Geschichte konfrontiert ist. Der Schockmoment ist für alle in etwa gleich. Tatsächlich reagieren Frauen schneller stark. Den psychologischen Grund kenne ich nicht. Es ist jedoch eine von mir miterlebte Tatsache. Meine persönliche Begründung dazu geht auf meine vorhergehenden Aussagen zurück. Gesellschaftlich ist der Status eines Mannes an seinen Job gebunden. Und in der Schweiz läuft das meistens gut. Bis man vierzig Jahre alt ist, geht der Weg stets nach oben. Die Karriere einer Frau bis zum 40. Altersjahr verläuft meistens völlig anders. Ab 25 bis 30 Jahren, spätestens sobald die biologische Uhr zu ticken anfängt, beginnt man sich Gedanken zu machen und die Familienplanung steht der beruflichen Entwicklung im Weg. Ich selbst habe zwischen dem 30. und 45. Altersjahr meine Karriere dreimal neu gestartet. So etwas findet bei einem Mann nicht oder vielleicht erst deutlich später statt. Und wird man in einem Moment erwischt, in dem man insbesondere auch die finanzielle Last tatsächlich spürt, ist es verständlich, dass man in ein Loch fallen kann. Ausserdem ist der traditionelle, das heisst lineare Karriereweg in der Schweiz fest verankert. Andere berufliche Konzepte fehlen weitestgehend oder sind negativ konnotiert. Gespräche darüber führe ich tatsächlich mit meinen Klienten. Und ich glaube, dass die angesprochene Situation für den Lebensweg eines Mannes eine grössere Zäsur bedeutet als im Leben einer Frau. In ihr scheinen Frauen resistenter zu sein.

Bemerkung aus dem Publikum Ich möchte mich dazu auch äussern. Wenn wir heute über die Altersgruppe 50 bzw. 50plus diskutieren, so denken wir zu stark in Schwarz-Weiss-Mustern. Wenn wir die Altersschwelle auf 30 oder 35 Jahre senken – ich habe dazu jüngst eine aufschlussreiche Sendung im Radio gehört –, kann man feststellen, dass auch diese Altersgruppe trotz Karrierestreben eine Anstellung mit einem Pensum von knapp über 80 Prozent einer Vollzeitstelle vorzieht. Ich denke, bei den jüngeren Altersklassen sind diesbezüglich die Unterschiede zwischen Mann und Frau nicht mehr so gross. Der Fokus wird nicht mehr derart stark auf eine Stelle gelegt und der Schock bei deren Verlust wird nicht mehr so gross sein, wie das heute oder in der Vergangenheit der Fall gewesen ist.

SDV Das ist die Emanzipation des Mannes. Ich hoffe, dass das wirklich so eintrifft. Die Männer müssen sich dazu von den Frauen emanzipieren. In der Realität kann man eher einen Backlash der Frauen beobachten. Die heutige Generation, die die ersten Schritte in der Berufswelt wagt, ist im Wohlstand aufgewachsen. Wir hören heute auch in unserem Unternehmen von jungen Mitarbeiterinnen, dass man für die Kindererziehung ein paar Jahre zu Hause einplane. Wir erleben derzeit einen freiwillig gewählten Rückzug der Frauen in die eigenen vier Wände. Früher waren die Frauen hierzu grossmehrheitlich gezwungen, heute tun sie das freiwillig. Ich zähle in Sachen Gleichberechtigung auch auf die jungen Männer. Sie bedeutet für sie, dass beide Partner sich die berufliche Arbeit und das Wirken in der Familie teilen. Erreichen können sie das nur, indem sie das vorleben und von ihren Partnerinnen auch verlangen. Das tönt möglicherweise ein wenig paradox, aber es ist wirklich so.

Bemerkung aus dem Publikum Kann es nicht einfacher formuliert werden? Du hast gesagt, dass du deine Karriere dreimal neu gestartet habest. Das ist bei einer Frau, die Kinder hat, oft der Fall. Wer immer nur auf die Karriere setzt, hat doch potenziell einfach eine höhere Fallhöhe. Und je grösser diese ist, desto mehr schmerzen der Verlust von Titel und Position.

PR Ich möchte zuerst dazu sagen, dass man sich in der Zukunft in diese Richtung bewegt. Es werden neue Modelle der Laufbahnentwicklung verfolgt. Ich muss Sandra zustimmen, dass das nur funktionieren wird, wenn die Männer das auch umsetzen. Ich kenne viele Beispiele dafür, dass junge Männer dafür kämpfen müssen, ihr Pensum einem Beschäftigungsgrad von 80 Prozent anzupassen. Es gibt im Kanton Zürich eine offizielle Statistik, welche die Aussage erlaubt, dass es für Mann und Frau für die Vereinbarkeit von Familie und Beruf optimal wäre, wenn beide Partner je 70 Prozent arbeiten würden. Der Punkt ist nun aber, dass die Arbeitgeber mitmachen müssen, aber insbesondere auch, dass hierzu ein gesellschaftliches Umdenken notwendig ist. Es ist aus meiner Sicht erschreckend, wie junge Menschen vom Druck aus dem familiären Umfeld getrieben traditionelle und aus meiner Sicht überholte Rollenmodelle für die Arbeitsteilung und beim Familienmodell wählen. Spannend scheint mir, dass bei Personen in hohen Führungspositionen, die bereits über 60 Jahre alt sind, hierzu aus eigener Betroffenheit ein Umdenken stattfindet. Die eigene Tochter, der man mit grossem Stolz das Studium und die berufliche Ausbildung finanziert hat, will nun nicht den Karriereweg einschlagen, sondern mit Rücksicht auf die Familie davon Abstand nehmen. Das könnte zu einer spannenden Entwicklung führen. Gerade kürzlich habe ich mit einem Entscheidungsträger gesprochen, der sich über eben diese Wahl seiner Enkeltochter ärgert.

Bemerkung aus dem Publikum Ist das so tragisch? Kann eine junge Mutter nicht einfach eine berufliche Pause einlegen? Ich selbst bin in Remigen wohnhaft und mein Arbeitsweg hat mich stets nach Baden geführt. Ich habe oft Radfahrer angetroffen, die um halb acht im Morgengrauen ihre Kleinkinder zu den Kinderkrippen geschleppt haben. Ich selbst hatte nie Kinder, obwohl ich mir auch welche gewünscht habe. Jene Kinder haben mir echt leidgetan. Aus meiner Sicht soll es auch die klassische Rollenverteilung geben. In meiner Führungsfunktion habe ich viele Frauen getroffen, die ich in ihrer beruflichen Entwicklung fördern wollte. Ich habe ihnen die dazu notwendigen Fähigkeiten zugetraut und sie haben es geschätzt, dass ich dieses Potential erkannt hatte. Oft wurden sie danach schwanger, versicherten mir aber, dass sie danach so rasch möglichst wieder in den Beruf einsteigen wollten. Sobald jedoch das kleine Geschöpf zugegen war, änderte die Frau ihre Meinung. Der traditionelle Weg für eine Frau und Mutter sollte doch auch möglich sein.

PR Für mich besteht ein Unterschied, ob die Entscheidung gegen den Job bewusst getroffen oder ob aus dem gesellschaftlichen Druck heraus gehandelt wird. Es ist aber eine Tatsache, dass ein Wiedereinstieg nach fünf Jahren Mutterschaftspause äusserst schwierig ist.

Replik aus dem Publikum Hier mache ich den Unternehmen den Vorwurf, dass man das zu wenig gut ermöglicht. Ich habe diese fehlende Flexibilität als Führungsperson bei einer Bank persönlich erlebt. Ich war Teil einer Arbeitsgruppe, die sich mit der Frage beschäftigte, welche Karrierepfade für Manager nach Überschreiten der Grenze von 55 noch offenstehen. Ich habe dabei stets die Meinung vertreten, dass man in diesem Alter in der Hierarchieleiter ein paar Sprossen hinuntersteigen können sollte, vielleicht in der Führungsarbeit ein wenig zurücksteckt und eher eine beratende Tätigkeit übernimmt, und zwar in einer Art und Weise, die für beide Parteien stimmt. Ich kenne keine Bank, die so etwas tatsächlich umgesetzt hat. Alle sind nur auf die finanziellen Zielgrössen fokussiert. Das war so, bis ich mein 63. Altersjahr erreicht hatte.

SDV Gerne möchte ich hierzu kurz etwas replizieren, was aus meiner Sicht sehr spannend ist. Du bist vorher auf die sogenannte Fallhöhe eingegangen und hast dabei unterstellt, dass das Problem praktisch nur Männer betrifft …

Replik aus dem Publikum Nein, ich wollte damit nur ausdrücken, dass derzeit eben viel mehr Männer in den höheren Führungschargen sind.

SDV Aus meiner Sicht ist die Fallhöhe nicht relevant. Im Moment, da ein solches Ereignis eintrifft, ist es für alle Betroffenen schlimm. Eine der tragenden Säulen im Leben ist nun einmal der Beruf, egal was man tatsächlich tut, ob man ein Jahressalär über 500 oder 50 tausend aufgeben muss. Für das Individuum ist der Jobverlust immer ein Schock.

Bemerkung aus dem Publikum Eine berufliche Arbeitsteilung zwischen den Partnern mit je 70 Prozent mag ideal sein für Paare, in denen die Partner gleich viel verdienen. Sehr oft scheitert das daran, dass das oft nicht der Fall ist. Und ist es doch ein einfacher, mit einer pragmatischen Entscheidung auf eine Karte zu setzen und ein traditionelles Familienmodell zu wählen.

PR Ja, eine Entscheidung hierzu muss immer gefällt werden. Dabei sollten wir berücksichtigen, dass eine Frau, die nicht mit einem Mindestpensum arbeitet, gar kein entsprechendes Lohnniveau erreichen kann. Ich bringe noch ein weiteres Argument ein, das aus meiner Sicht erstaunlicherweise wenig Beachtung findet. Es geht um die Absicherung. Falls nur der Mann sich dem Druck der Absicherung der Familienfinanzierung stellt, trifft ein entsprechender Stellenverlust die Familie umso härter. Beispielsweise kann der Familienvater mit 45 Jahren einen Burnout erleben und nicht weiter arbeitsfähig sein. Eine Scheidung kann die Frau dazu zwingen, finanziell allein gestellt zu sein. Meine Generation wurde in jüngeren Jahren noch nicht mit dem Thema Altersarmut konfrontiert. Heute sollte jeder jungen Frau bewusst sein, dass dieses Thema existiert und eine berufliche Karriere mit einer grossen Pause nicht realistisch ist. Aus meiner Sicht ist es das grösste Problem, dass heute Menschen im Bewusstsein aufwachsen, die Gleichstellung der Geschlechter sei erreicht. Junge Frauen wissen, dass ihnen alle beruflichen Wege offenstehen und sie über alle Rechte verfügen. Man ist in einer Beziehung, beide arbeiten und man teilt sich die Aufgaben im Haushalt. Was dabei zu kurz kommt, ist die rechtzeitige Regelung der Arbeitsteilung bei der Familienplanung. Solange das noch im klassischen Denken verharrt und die Diskussion erst bei der Geburt des Kindes startet, werden in diesem Punkt keine Änderungen erreicht. Dabei eröffnet eine Lösung mit einem jeweiligen beruflichen Beschäftigungsgrad von 70% beiden Partnern die besten Chancen. Wer hat nun diese Aufgabe? Schliesslich ist das nun eine gesellschaftliche Diskussion. Es geht um die Vereinbarkeit von Beruf und Familie. Man kann mit gutem Grund die Meinung vertreten, dass es sich hier um ein privates Thema handle. Man kann auch die Haltung einnehmen, dass hier der Staat eingreifen sollte, da man einen gesellschaftlichen Kompromiss finden sollte. Sandra, welche Haltung vertrittst du hierzu? Braucht es hier noch mehr staatliche Initiativen? Wenn ich an die schulischen Unterlagen meines 15-jährigen Sohnes denke, stelle ich fest, dass der Staat hierzu ja bereits ein erhebliches Sendungsbewusstsein, mit zugegebenermassen grossem Erfolg entwickelt hat.

SDV Nein, meine Meinung hierzu ist klar. Das ist eine private Angelegenheit. Ich sehe den Staat nirgends darin. Selbstverständlich ist eine Krippenfinanzierung bei tieferen Löhnen sinnvoll. Aber das ist ein anderes Thema. Ich denke jedoch, man sollte hierüber nicht zu kurzfristig denken. Wenn man sich über die Arbeitsteilung zwischen den Partnern unterhält, sollte man nicht nur die momentane Situation beachten. Mit einer zu einseitigen Verteilung vergibt man sich langfristig unglaubliche Chancen. Der Mann sitzt ab 45 Jahren im goldenen Käfig, strampelt und kann sich aus ihm nicht mehr befreien Und wenn er es tut, ist er mit einer grossen Fallhöhe konfrontiert. Zugleich hat sich die Frau mit ihrem zu tiefen Pensum am Arbeitsmarkt nicht positionieren können. Dadurch entsteht das Worst-Case-Szenario, in dem sich viele junge Familien befinden. Weil eine Opportunität kurzfristig lohnender scheint, werden langfristige verpasst.

Replik aus dem Publikum Ja, aber vielleicht ist die kurzfristige Optik für eine junge Durchschnittsfamilie die einzig wahre. Für sie sind bereits geringe Lohnunterschiede massgeblich.

PK *René, du hast viele jungen Menschen als Lehrer auf ihrem Lebensweg begleitet. Wie hat sich dieses Thema über die Zeit verändert, wenn du auf dein Lehrerdasein zurückschaust? Was wird den jungen Menschen in der Schule hierzu mitgegeben?*

René aus dem Publikum Ja, ich bin vielleicht nicht der Richtige, um diese Frage zu beantworten. Ich bin schon ein wenig länger nicht mehr im Beruf tätig. Die Situation hat sich schon wahnsinnig verändert. Die Eltern oder die Erziehenden haben immer mehr Einfluss genommen. Früher ist die Lehrerin oder der Lehrer der unangefochtene Chef gewesen und hat befohlen, was zu geschehen hat. Mit der Zeit haben die Elternteile sich in den Schulbetrieb eingemischt und Fragen gestellt.

Heute bin ich der Meinung, dass die Lehrerschaft stark fremdbestimmt geworden ist. Das ist einerseits bedauernswert, andererseits muss man sich dank solchem Anstoss auch nutzbringend bewegen. Man muss sich mit neuen Themen beschäftigen und Fortbildung wahrnehmen.

PK *Eveline, wenn du an deine heutige Schulklasse denkst, sitzt dort bereits die neue CEO einer Rechtskanzlei, die eine potentielle Nachfolgerin von Sandra sein könnte? Herrscht noch ein traditionelles Rollenbild vor oder werden die Weichen anders gestellt?*

Evelyne, aus dem Publikum Nein, ich glaube schon, dass Mädchen und Buben in der Schule gleichgestellt sind. Das auf jeden Fall. Obwohl es Unterschiede gibt, insbesondere im emotionalen Bereich. Ich stelle auch fest, dass Kinder Dinge akzeptieren, die früher nicht möglich gewesen sind. Typischerweise: Im Kindergarten möchte ein Mädchen die Kindergärtnerin heiraten. Zu meiner Zeit hätte man hier harsch eingegriffen und erklärt, dass das nicht gehe. Heute geht das, in der gesellschaftlichen Realität und damit auch im Kindergarten. Und was René zuvor gesagt hat, kann ich auch bestätigen: Alle sind in die Schule gegangen und wissen demnach Bescheid. Die Eltern stellen mit diesem Hintergrund auch Forderungen. Früher war der Lehrer wie der Pfarrer oder der Hausarzt eine Respektsperson. Heute ist das nicht mehr der Fall. Es werden viele Erwartungen seitens der Eltern an die Schule und die Lehrerschaft gestellt, die diese umzusetzen haben.

PK *Der Grund, warum ich an dieser Stelle auf die Schule zu sprechen komme, ist mein Glaube, dass das Rollenbild der Geschlechter ganz stark auch von den Lehrern und Lehrerinnen geprägt wird. Sandra und ich haben an der Kantonsschule eine weibliche Lehrperson erlebt, die unbestritten die Funktion der Rektorin ausgefüllt hat, ohne diesen Titel innezuhaben. Für mich war von diesem Zeitpunkt an völlig klar, dass das Geschlecht hierbei völlig irrelevant ist. Das hat sie uns sehr stark mitgegeben. Wie hast du das erlebt, Sandra?*

SDV Ja, jetzt, da du das ansprichst, kann ich das bestätigen. Tatsächlich hat sie das vorgelebt, hat diese Führungsfunktion einfach übernommen, obwohl sie ihr nicht übertragen worden ist, und man hat sie in dieser Rolle auch ganz akzeptiert. Ich stelle leider jedoch nach wie vor fest – ich erlebe das insbesondere auch in unserem Unternehmen –, dass sich junge Frauen oft weniger zutrauen.

JUNGE FRAUEN MUSS MAN ZU EINER HERAUSFORDERUNG BEWEGEN, JUNGE MÄNNER FORDERN IHRE CHANCE AKTIV EIN. BEIDES IST FÜR DEN VORGESETZTEN ANSTRENGEND.

Ich habe hierzu keine Erklärung, keine Ahnung, ob diese Prägung in der Schule oder im Elternhaus stattfindet oder allenfalls intrinsisch bedingt ist.

Replik von Eveline aus dem Publikum Ich denke, dass ist geschlechterbedingt. Ich habe in meiner Klasse derzeit ziemlich viele Probleme mit den Buben, bis auf einen Jungen. Er zeichnet sich durch typisch weibliche Charaktereigenschaften aus. Er ist ein cooler Typ. Aber er meidet Konflikte, er versucht Streit zu schlichten, was sonst von Mädchen übernommen wird. Die Mädchen nehmen ihn stets von der Kritik an den Buben aus. Er ist kein sogenannt weiblicher Knabe. Aber es sind ihm im positiven Sinn Charakterzüge eigen, die sonst bei Buben nicht vorherrschen.

SDV Ja, und genau hier werden Vorbilder wichtig. Ich möchte ein kleines Beispiel anfügen. Sobald ich jeweils eine Mandatsanzeige versende, die den Klienten und den Sachverhalt vorstellt, weiss ich, dass sich bei gewissen, interessanten Fällen einzig die männlichen Kollegen melden und ihr Interesse an einer Mitarbeit anmelden. Spontane Reaktionen von meinen Kolleginnen erhalte ich nie. Das habe ich ihnen einmal ganz offen gesagt. Ich habe sie gefragt, warum sie sich schlicht nicht melden. Oft habe ich gehört, dass man sich nicht getraut habe. Ich habe erwidert, dass sie sich das ab sofort zutrauen sollen. Ich erwarte das auch.

Frage aus dem Publikum Die Frage ist doch, wo man gesellschaftlich den Hebel ansetzen muss, um eine 50-zu-50-Quote zu erreichen. Natürlich will niemand als Quotenfrau oder -mann gelten. Wir haben jüngst einen Verwaltungsratsjob ausgeschrieben und über 10'000 Personen angeschrieben. Gemeldet haben sich dreissig Männer und drei Frauen. Wo müssen wir den Hebel ansetzen, damit sich die Frauen solche Aufgaben zutrauen? In den Schulen stellt sich aus meiner Sicht auch die Frage, wie man mit Migrantenkindern umgehen soll, die aus Familien stammen, in denen das traditionelle Rollenmodell noch stark ausgeprägt ist. Wirft uns das in der Entwicklung wieder stark zurück? Kehren die alten Muster dort wieder zurück, wo der Kampf von Neuem beginnt?

SDV Ja, das kann passieren, es sei denn, diese Frauen reagieren der Situation gemäss.

Anmerkung aus dem Publikum Ich finde dieses Thema sehr spannend, insbesondere deine Aussage, Sandra, es liege auch in unserer Verantwortung als Männer, dass man die Frauen zur Übernahme von mehr Verantwortung auffordert. Ich höre sehr oft von jungen Familien, dass sie auf die Berufstätigkeit der Frau verzichten, da das steuerbereinigte Einkommen kaum die Kosten für die externe Kinderbetreuung decke. Diese Überlegung ist zu kurzsichtig und falsch. Genau derart gehen die angesprochenen fünf Jahre Berufserfahrung verloren und ein Wiedereinstieg ist nur stark erschwert möglich. Wenn man die jungen Frauen nicht fördert, fehlen später auch die Bewerbungen von Frauen für Verwaltungsratsmandate. Ich finde deine Aussage hierzu bemerkenswert. Ich habe noch nie von einer Frau gehört, dass die Männer hierin auch im Obligo sind, die Frauen zu pushen.

SDV Ja, meine Hoffnungen darauf liegen tatsächlich auch bei euch Männern.

PR Ja, vielleicht kann ich gerade dazu noch etwas Passendes beitragen. Vor einem halben Jahr wurde ich von einem jungen Mann gefragt, ob man sich heute überhaupt noch für das klassische Familienmodell entscheiden dürfe. Das wurde in einer Runde von jungen Männern diskutiert, die in einem Alter waren, in dem die Familienplanung an Aktualität gewinnt. Ich habe zu ihm gesagt, selbstverständlich dürfe man das, aber man müsse sich vorher zusammensetzen und gemeinsam definieren, wie man sich entsprechend absichert. Wie viel müssen wir auf die Seite legen, wenn die Frau in fünf Jahren eine Weiterbildung antreten möchte? Was kann man wo einzahlen, wenn trotz momentanem Liebesglück eine Trennung bevorsteht? Welche Möglichkeiten stehen dabei zur Wahl? Es geht nicht um das richtige Familienmodell per se, eher um den pragmatischen Ansatz, wie die Frau für die Zukunft abgesichert werden kann.

Ich habe hierzu am Fernsehen eine spannende Dokumentation über eine Juristin verfolgt. Sie hat sich als Trennungsanwältin spezialisiert. Sie entwickelt Vereinbarungen für eine mögliche Trennung unabhängig von einer Heirat.

PK *Das scheint mir eine äusserst romantische Vorstellung ...*

PR Ja, aber ich habe mit jemandem gesprochen, der diesen Weg gegangen ist und mir bestätigt hat, dass man einen entspannten Umgang damit gefunden hat. Man hat für die Zukunft vorgesorgt und die Regeln hierzu sind vereinbart. Einen Streit darum wird es nicht geben.

Replik aus dem Publikum Das hängt ja nicht nur von den Frauen ab. Auch der Mann ist ein Verlierer bei der Trennung. Er verliert beim BVG-Altersguthaben ja in der Regel auch die Hälfte des angesparten Kapitals. Das reicht ja beiden Personen nicht mehr für die weitere Zukunft. Demzufolge ist dieser Ansatz, vorzeitig eine gemeinsame Regelung zu finden, schon noch spannend.

PR Vielleicht noch eine Frage an Sandra: Es hat doch kürzlich einen Gerichtsentscheid gegeben, gemäss dem Frauen ab einem gewissen Alter bzw. einem gewissen Alter der Kinder den Unterhaltsanspruch verlieren. Und ich habe gehofft, dass mit diesem Gerichtsentscheid diesem Thema mehr öffentliche Aufmerksamkeit gewidmet wird.

SDV Es braucht dazu einfach eine entsprechende Zeit. Aber tatsächlich, wenn man wieder arbeiten kann und dem Entscheid des Bundesgerichts gemäss die Kinder noch jung sind, besteht kein Anspruch, in den nächsten 15 Jahren Alimente zu erhalten. Das ist tatsächlich so. Zum Schluss geht es wieder darum, ob nur der Mann oder auch die Frau betroffen ist. So rate ich auch meinen Töchtern. Wenn sie danach fragen, sage ich ihnen als Mutter, dass es einen einfachen Weg gibt, selbständig durch das Leben zu gehen. Sie müssen sich von meinem Portemonnaie emanzipieren und selbst für ihr Einkommen sorgen. So können sie selbständig über ihre Ausgaben entscheiden und niemand wird ihnen dabei dreinreden. Das ist meine Message an die Mädchen. Die Botschaft an die jungen Männer ist im Grundsatz die gleiche. Sie tendieren aber sehr oft dazu, insbesondere bei der Familienplanung dem Vorschlag der Frau schliesslich ohne Wenn und Aber zuzustimmen. Der Mann unterwirft sich dabei meistens dem Willen der Frau. Wenn die Frau sagt, dass sie nach der Geburt des Kindes zu Hause bleiben möchte, muss sich der Mann dessen bewusst sein, dass ihn diese Entscheidung einholen wird, also falls er dreissig Jahre alt ist, spätestens in 15 Jahren im Alter von 45. Der finanzielle Druck lastet einzig auf seinen Schultern. Die Zeiten sind vorbei, in denen man mit 20 Jahren eine

Berufskarriere startet, die nach linearem Verlauf mit 65 Jahren endet. Falls sich Männer und Frauen dieser Umstände tatsächlich bewusst sind, erreichen sie auch die gewünschte gesellschaftliche Anpassung.

Frage aus dem Publikum: Meine Frau hat mir stets gesagt, dass sie den Militärdienst auch gerne absolviert hätte, und das auch mit Blick auf das Netzwerk, das man sich dabei schaffen kann. Welche Meinung vertreten Sandra und Petra hierzu? Soll es eine Dienstpflicht für Männer und Frauen geben?

PR Ich vertrete generell die Ansicht, dass jeder zu etwas verpflichtet werden sollte. Es ist zweitrangig, ob das der Militärdienst oder etwas anderes ist. Es geht aus meiner Sicht einzig darum, seine soziale und gesellschaftliche Verantwortung wahrzunehmen. Es können sich spannende Netzwerke entwickeln, egal wo man auch ist. Ich durfte einst einen kurzen Beitrag zum Thema vom Wert der gemeinsamen Erlebnisse gerade im Militär schreiben. Ich selbst habe das bei meinem Mann erlebt. Er kann nach 30 Jahren heute noch einen seiner damaligen Kameraden kontaktieren und hat gleich eine gemeinsame Basis. Es geht nicht um das Thema Militär per se, sondern darum, ein gemeinsames, verbindendes Erlebnis geteilt zu haben. Die jüngere Generation, welche die Militärzeit anders erlebt als damals, hat dieses Netzwerk nicht.

SDV In unserem Unternehmen haben wir eine grosse Anzahl Offiziere. Ein wenig provokativ habe ich bei einem Apéro auf die Äusserung eines Kollegen erwidert, dass auch die Frauen eine Militärdienstpflicht zu erfüllen hätten und in dem Moment, da ein Mann ein Kind austragen würde, auch Frauen zum Militärdienst verpflichtet werden könnten. Falls man es tatsächlich schafft, dass eine Schwangerschaft für die berufliche Weiterentwicklung kein Hindernis mehr ist, wäre es fair, auch eine Dienstpflicht für Frauen zu fordern. Aber schliesslich gibt es keine Rechtfertigung für eine unterschiedliche Behandlung von Mann und Frau.

Replik aus dem Publikum Es ist mir eigentlich nicht um das Thema Gleichberechtigung per se, sondern mehr auch um den Netzwerkaspekt gegangen.

SDV Meine Tochter, die bald 18 Jahre alt wird, hat jüngst eine Broschüre zum Militärdienst erhalten. Ich habe sie interessiert gelesen und meine Tochter aufgefordert, den

Schnuppertag zu besuchen. Wir haben miteinander die Videos angeschaut, die das VBS ins Internet gestellt hat, muss aber konstatieren, dass dabei ein typisch männerorientiertes Frauenbild gepflegt wird. Man stellt eine burschikose Frau dar, eine Ultrasportlerin, die den Marathon in zweieinhalb Stunden absolviert. Meine Tochter ist das nicht und fühlt sich daher auch nicht angesprochen. Das ist so schade. Die Idee ist zwar richtig, aber die Umsetzung ist schlicht nicht gelungen.

PR Ja, ich denke insbesondere auch im IT-Bereich. Es ist ja gewaltig, welche Möglichkeiten hier offenstehen.

PK *Liebe Sandra, liebe Petra, ganz herzlichen Dank, dass wir das rettende Ufer, sprich das Ende unseres Gesprächs und das anstehende Nachtessen nun miteinander erreichen. Ich möchte euch nun noch eine abschliessende Frage stellen: Wenn ihr nun zurückschaut, einen Blick auf euer 20-jähriges Ich wagt, mit dem Hintergrund eurer Erfahrungen und mit Rücksicht auf die damaligen Rahmenbedingungen einen Ratschlag erteilen solltet – wie würde der lauten?*

SDV Ich bin extrem zufrieden. Das ist jetzt sehr schwierig zu beantworten.

PK *Auch das ist ein schönes Schlusswort. Und du Petra?*

PR Ja, es gibt einen Punkt:

NICHT DARAUF HÖREN, WAS ANDERE SAGEN, WAS MAN NICHT KÖNNE. ES SELBST WAGEN UND HERAUSFINDEN, OB ES GELUNGEN IST.

THOMAS SCHNEIDER

Dipl. nat. ETH, Geophysiker, Berufsoffizier (pensioniert)

Welche bleibenden Erinnerungen verbinden dich mit unserem Club?

Jugendlager in Engelberg 2001 und 2003 als Lagerleiter im Team mit
Eveline, Tony und Esther Pfyl sowie Dölf und Franziska Köpfli

Einsätze bei der Badenfahrt bzw. Stadtfest

Organisation des AG Lionstages im Martinsberg

Jubiläumsfest im Werk

Abschlussmeetings mit Übernachtung, z. B. in Lugano

Ski-Weekends (vor allem diejenigen als LCBH in Oberiberg,
weniger die gemeinsamen mit dem LC Baden in Engelberg)

Was bedeutet dir persönlich die Mitgliedschaft?

Ich freue mich jedes Mal, schon nur beim Apéro zu Beginn der Meetings
Lionskollegen zu treffen. Ich nehme den Club als sehr homogene
Gemeinschaft wahr, in der ich mich wohl und akzeptiert fühle.
Als Nicht-Badener konnte ich dank der Mitgliedschaft im LCBH ein
tragfähiges Netzwerk aufbauen, was mich mit Dankbarkeit erfüllt.
Mir gefällt besonders, dass es uns bisher immer ganz gut gelungen ist,
unseren Auftrag «we serve» mit Geselligkeit und Genuss zu verbinden.

Wenn immer möglich an den Meetings dabei zu sein, bedeutet für mich
deshalb nicht Pflicht, sondern eine Freude.

BANKING GESTERN, HEUTE, MORGEN. WAS BLEIBT?

Lions-Meeting vom 6. Juni 2023: Gespräch mit Pascal Gantenbein

Einordnung und roter Faden

Am Dienstag begrüssten wir Prof. Dr. Pascal Gantenbein in unserer Runde zum Gespräch mit dem Thema «Banking gestern, heute, morgen. Was bleibt?»

Pascal Gantenbein, Vizepräsident des Verwaltungsrats der Raiffeisen Schweiz und ordentlicher Professor für Finanzmanagement an der wirtschaftswissenschaftlichen Fakultät der Universität Basel verfügt über einen profunden und langjährig erworbenen Wissens- und Erfahrungsschatz im Finanzbereich. Er hat im Jahr 2004 seine akademische Ausbildung an der Universität St. Gallen, an der ich ihn am damaligen Schweizerischen Institut für Banken und Finanzen kennenlernen durfte, mit der Habilitation abgeschlossen. Sein Interesse gilt auch den Entwicklungen am Immobilienmarkt; er ist unter anderem auch Mitglied des Advisory Boards der Fahrländer Partner Raumentwicklung AG in Zürich.

Unser Gespräch beleuchtete aktuelle Themen, versuchte einen Brückenschlag zwischen Theorie und Praxis sowie zwischen gestern und heute. Die Einschätzungen aufgrund persönlicher Erfahrungen und die Schilderungen von Pascal Gantenbein zu seinem Werdegang rundeten unsere Diskussion ab.

Pascal Koradi *Wir beschäftigen uns heute mit dem Thema Banken und der Veränderung des Bankgeschäfts im Zeitablauf. Unseren Gast Pascal Gantenbein durfte ich an der Universität St. Gallen kennenlernen, während er 2004 gerade seine Habilitation verfasste …*

Pascal Gantenbein (PG) Ja, ich denke, wir haben uns jedoch schon ein wenig früher dort getroffen …

PK *Ja, jedenfalls war ich sehr beeindruckt von unserer Begegnung. Ich hatte Ende der 90er-Jahre mein Studium an der Universität Zürich beendet und mich für den Eintritt in das Bankgeschäft entschieden. Ich war überzeugt von diesem Schritt. Ich fuhr damals mit Pascal den Rosenberg hoch und war beeindruckt von dem, was er in jungen Jahren in der akademischen Welt bereits alles erreicht hatte. Du bist an der Universität St. Gallen förmlich durchgestartet. Wie ist es schliesslich dazu gekommen, dass du von St. Gallen nach Basel gewechselt bist?*

PG Ich hatte 2007 einen Ruf an die Universität Basel erhalten auf eine Professur Finanzmanagement, die ich auch heute noch innehabe. Sie bereitet mir viel Freude, und ich schätze auch die Flexibilität der Universität Basel mit Blick auf meine Herausforderungen bei Raiffeisen sehr. Doch zunächst hatte ich gar keine akademische Karriere angestrebt. Als Doktorand arbeitete ich Ende der 90er Jahre in der Privatwirtschaft, und meine Dissertation behandelte das Thema Immobilienmarkt Schweiz. Ich hatte mich nach dem Studium für das Thema Alternative risk transfer interessiert. Doch mein Doktorvater, Klaus Spremann, den du auch kennst, hat mir stets das Thema Immobilien nahegelegt. Irgendwann gab ich seiner Aufforderung nach. Heute, ja eigentlich seit mehr als 20 Jahren, bin ich ihm dafür dankbar, dass er mich auf dieses Thema gebracht hat. In den 90er Jahren, mitten in der Krise, haben sich nicht viele Wissenschafter in diesem Markt getummelt, viele Marktteilnehmer hatten schlechte Erfahrungen mit den Immobilienmärkten gemacht. Es war eine eigentliche Umbruchphase, mit dem Aufkommen von indirekten Immobilienanlagen, der Indexentwicklung sowie der Erhöhung der Markttransparenz. Diese Phase war sehr dynamisch. Praktisch am Ende meiner Dissertation sprach mich Klaus Spremann dann auf eine Dozentenstelle an: «Morgen ist Bewerbungsschluss, bewerben Sie sich doch», waren seine Worte. So verfasste ich über Nacht meine Bewerbung und kam so an die Universität St. Gallen zurück. Diese Tätigkeit und insbesondere die Beratungsprojekte im Immobilienbereich bereiteten mir viel Spass. Mit ihnen konnte ich einen idealen Weg zurück in die akademische Welt einschlagen.

PK *Gerne möchte ich kurz – mit dem Wagnis eines enormen Zeitsprungs – beim Immobilienbereich bleiben. Du bist als Mitverantwortlicher bei der Raiffeisenbank mit dem Immobilienmarkt ebenfalls konfrontiert. Du sitzt quasi auf einem heissen Topf mit Immobilen auf besicherten Krediten von über 200 Milliarden CHF. Fühlst du dich in dieser Situation heute wohl?*

PG Ja, es kommt darauf an, wie dieser «Topf» gemanagt wird. Das Bankgeschäft beschäftigt sich zentral mit Risikomanagement. Das ist essenziell. Einerseits muss man mit den Risiken, die man in den Büchern hat, umgehen können. Andererseits muss man den Markt analysieren. Beide Dinge sind wichtig. Es gilt den Markt zu verstehen, und zwar mit den Werkzeugen, die uns dazu zur Verfügung stehen. Wir beide haben uns über das Risikomanagement kennengelernt. Es geht mitunter um die Entwicklung von Szenarien und notwendigen Massnahmen. Konkret relevant sind die Zinsrisiken, die gerade heute wieder an Bedeutung gewonnen haben. Hier gilt es auch die internationale Entwicklung im Auge zu behalten. Ich denke nicht, dass wir auf einem Pulverfass sitzen. Auf die einzelnen Gründe werden wir nachher sicher noch zu sprechen kommen.

PK *Du hast dich bereits im Studium auch als Praktiker bewiesen. Gerade jüngst hast du dich als Brückenbauer zwischen Praxis und Theorie profiliert. Du bist insbesondere auch als hervorragender Didaktiker bekannt. Mehrere Male bist du dafür mit dem goldenen Schwamm ausgezeichnet worden. Ist das richtig?*

PG Nein, es handelt sich dabei um den goldenen Oskar. Aber warum auch kein Schwamm? Der Preis wird von den Studierenden verliehen.

PK *Gleichzeitig hast du aber auch viel Anerkennung aus der Praxis erhalten. Wie wichtig ist für dich das Zusammenspiel von Praxis und Theorie? Gibt es das überhaupt?*

PG Ja, sicher. Das ist auch mein persönliches Interesse. Bereits als Student habe ich es immer geschätzt, Menschen aus der Praxis zu begegnen, egal welche Funktion sie bekleiden.

DER BRÜCKENSCHLAG ZWISCHEN THEORIE UND PRAXIS HILFT, DASS MAN AUS DEN PRÄSENTIERTEN ERFAHRUNGEN STRUKTURIERT LERNEN KANN. DAS HAT MICH STETS FASZINIERT.

Daher war ich auch froh, dass ich meine Dissertation als externer Doktorand schreiben konnte. Schon als Student prägend waren für mich die Begegnungen mit Bruno Gehrig an der Uni St. Gallen. Ich studierte damals Banking. Er war ein Professor, der sich recht «unprofessoral» im positiven Sinne an der Universität bewegte. Er kam direkt aus der Bankpraxis und gab uns die Faszination dadurch mit, einerseits die akademischen Konzepte, die «Theorie», zu verstehen und einem andererseits in den Vorlesungen auch die Augen für die Praxis zu öffnen.

PK *Ist das eine Spezies, die am Aussterben ist? Du hast Bruno Gehrig erwähnt, ein weiteres Beispiel wäre Hans Geiger. Wird es solche Dozenten morgen noch an den Universitäten geben?*

PG Die gibt es schon noch, vielleicht mehr an den Fachhochschulen. An den Universitäten gibt es aber regelmässig Leute aus der Praxis mit einem Lehrauftrag, um diese Brücke herzustellen. Das gilt auch für die Universität Basel. Aber bei einem typischen Profil an der Universität ist das heute nicht mehr so der Fall.

PK *Wenn du nun die gleiche Frage aus einer anderen Perspektive und die Situation aus Sicht eines Verwaltungsrats bei der Raiffeisenbank betrachtest, wird manchmal fehlende Praxisnähe bemängelt. Muss man sich manchmal gegen eine solche Sicht sogar wehren, wenn man sich wie du mit einem akademischen Background einer Herausforderung in der Praxis stellt?*

PG Praxisnähe ist ein Thema. Es ist wichtig, etwas von der Sache zu verstehen. Ich hatte vor meinem Wirken im Verwaltungsrat keine operative Tätigkeit bei der Raiffeisen inne. Aber mein jahrelanges Wirken bei Beratungsprojekten im Immobilienbereich, aber u.a. auch im Anlagebereich und der VR-Tätigkeit verschafften mir die Fähigkeit, die Prozesse schnell zu verstehen. Es ist wichtig, dass man dieses praxisnahe Wissen mitbringt. In der Verwaltungsratstätigkeit, bei der man keine operativen Aufgaben innehat, muss man zudem die Menschen verstehen und kommunizieren können. Gerade in der Krisenzeit war es wichtig, mit den betroffenen Mitarbeitenden die Kommunikation zu suchen und die Bereitschaft zu haben, mit allen Stakeholdern der Gruppe einen Dialog zu führen. Man muss offen sein. Es ist daher auch eine Frage, wie man die Sache anpackt.

PK *Wenn wir nun auf die 90er Jahre Rückschau halten, finden wir in jener Zeit noch fünf Grossbanken. Innert kürzester Zeit waren es nur noch drei, später noch zwei entsprechende Institute.*

Bekanntlich wird gegen die Mitte dieses Jahres nur noch eine Grossbank existieren. Wie beurteilst du als führende Persönlichkeit im schweizerischen Bankgeschäft diese Entwicklung?

PG Was jüngst passiert ist – du weist zwar auf einen längeren zeitlichen Horizont hin – sehe ich als grossen Verlust für unseren Finanzplatz. Viele Finanzinstitute haben mit der Credit Suisse zusammengearbeitet. Es gibt zwar Themenbereiche und Produkte, die rasch durch andere Marktteilnehmer substituiert werden. Langfristig wird nichts unbesetzt bleiben. Die Frage jedoch ist, wer diese besetzt und wie lange es dauert, bis Beziehungen wieder aufgebaut werden können. Ich denke beispielsweise an das Syndikatsgeschäft, in dem die Credit Suisse eine sehr wichtige Rolle innehatte. Davon haben auch die anderen Banken wie die ZKB, die UBS, die Raiffeisenbanken sowie Kantonalbanken profitiert. Auch das Thema Exportfinanzierungen möchte ich hier erwähnen – auch viele KMU sind im Export tätig und auf der Geschäftsebene auf diese Dienstleistung wie auch auf Lösungen zur Währungsabsicherung angewiesen. Grossbanken sind überdies Infrastrukturanbieter in vielen Bereichen, etwa auf der Ebene von Produkten, ebenso sind sie Ausbildungsinstitutionen. Viele Menschen, die heute auch bei Raiffeisen arbeiten, sind bei der UBS oder Credit Suisse ausgebildet worden. Das wie auch eine gewisse Mobilität am Arbeitsmarkt, die es erlaubt, Wissen zu transferieren und Professionalität aufzubauen, darf man nicht unterschätzen. Diese Punkte betreffen die institutionelle Ebene. Ich möchte aber auch noch einen weiteren Punkt anfügen, nämlich wie dieser Prozess gemanagt wurde. Ich glaube , dass man den Markterwartungen schlicht nicht gerecht wurde, als man am 27. Oktober die Mitteilung der obersten Führung der Credit Suisse zu den zwei beantragten Kapitalerhöhungen vernahm. Denn der Abfluss an Kundengeldern hatte bereits begonnen.

PK *Hättest du ein «Whatever it takes …» erwartet?*

PG Ja, ich hätte das insbesondere in der Retrospektive nicht schlecht gefunden, im Wissen um die Grenzen eines solchen Vorgehens. Wir wissen heute, dass es sich mitunter um eine Vertrauenskrise gehandelt hat. Und dieses Vertrauen konnte damals auch durch Aussagen, die später wieder revidiert werden mussten, nicht wieder hergestellt werden. Das ist immer sehr problematisch. Durch das zerschlagene Vertrauen verlor man die Handlungsfähigkeit. Das mündete schliesslich in eine Liquiditätskrise.

PK *Lass uns nun nochmals die Perspektive wechseln. Welchen Ratschlag kannst du einem produzierenden Unternehmen in der Schweiz mitgeben, das auf Instrumente der Exportfinanzierung angewiesen ist, beispielsweise ein komplexes Akkreditivgeschäft benötigt und in der Vergangenheit jeweils dazu auch bei der Preisfindung auf den Wettbewerb zwischen den Grossbanken gezählt hat? Werden die Raiffeisenbanken in dieser Angebotslücke tätig?*

PG Der Kuchen wird sich schon neu verteilen. Aber man muss auch realistisch sein. Das habe ich bereits zu sagen versucht. Die Credit Suisse hat eine grosse Zahl von Geschäften gemacht. Man kann über die damit verbundenen Risiken kritisch urteilen. Sie haben aber auch Geschäftsopportunitäten für die Industrie eröffnet. Nicht alle Banken, auch die Kantonalbanken nicht, sind bereit, in diese Lücke zu springen. Die UBS könnte das, ist aber aufgrund des Risikoappetits dazu nicht bereit. Diese Lücke besteht, wird sich aber über die Zeit schon wieder füllen. Auslandbanken, die Deutsche Bank oder JP Morgan, stehen hierzu in den Startlöchern. Ich habe jedoch Verständnis dafür, dass man hier dennoch lieber bei einem inlandverankerten Institut nachfragt. In dem Kontext werden der Finanz- und Werkplatz gerne gegeneinander ausgespielt. Aber die Wahrnehmung und auch die Professionalität des Finanzplatzes strahlen auf unsere Fähigkeit aus, Gelder und damit Investitionen in die Schweiz zu ziehen. Und davon profitieren wir alle, auch die Industrie. Es ist kein Zufall, dass wir ein derart tiefes Zinsniveau haben. Zwar ist es derzeit etwas gestiegen, historisch und im internationalen Vergleich jedoch ist es weiterhin sehr tief. Wir sollten wieder ein Verständnis dafür entwickeln, dass unser Werkplatz Schweiz, der Wert und Arbeitsplätze schafft, auch auf einen gut funktionierenden Finanzplatz angewiesen ist, auf dem auch die Rahmenbedingungen verlässlich sind. Derzeit höre ich insbesondere auch aus der Politik von einem Ideenkarussell mit vielen Rezepten, die wohl nicht alle zielführend sind und auch nicht im langfristigen Interesse der Schweiz wirken.

PK *Legen wir nun den Fokus auf einen Teilmarkt, von dem sich die Grossbanken jüngst zum Teil verabschiedet haben. In den letzten 10 bis 15 Jahren hat der Anteil der Grossbanken am Immobilienrefinanzierungsmarkt abgenommen. Da haben sich die Raiffeisenbanken zur klaren zweiten Kraft neben den Kantonalbanken entwickelt und im Wachstum zuletzt den Spitzenplatz eingenommen. Ich habe das vorher bereits angeschnitten. Wie beurteilst du die heutige Situation am Immobilienmarkt? Ist sie stabil?*

PG Man muss sie auf dem Radar halten, sich bewusst damit auseinandersetzen und entsprechende Vorkehrungen treffen. Der erste Punkt ist, dass Immobilen zinssensitiv sind. Und wir haben derzeit keine Garantie dafür, dass die Marktzinsen sich nicht weiter erhöhen werden. Im Moment sieht es recht gut aus. Aus meiner Sicht ist das Verhalten der Zentralbank bei der ersten Intervention sehr smart gewesen. Man hat damit eine gewisse Unabhängigkeit signalisiert und so klargestellt, dass die Nationalbank die Inflation bekämpfen möchte. Ich denke, man ist auf einem guten Pfad. Auch die Industrie ist mit Blick auf die Lohnrunden generell vernünftig unterwegs. Das sind gute Voraussetzungen. Was nun in die Quere kommt, ist die Anpassung des Referenzzinssatzes betreffend die Anpassung der Mieten, was eine spirale Wirkung entfalten könnte. Der zweite Punkt ist, dass Wirtschaftskrisen in der Vergangenheit ihren Anfang häufig am Immobilienmarkt genommen haben, weil man die Jahre zuvor auf Halde gebaut hatte. Das ist auch in den 80er Jahren des letzten Jahrhunderts in der Schweiz und in den USA der Fall gewesen. Immobilienkrisen verbunden mit Hypothekarkrisen hatten ihren Grund meistens in Übertreibungen auf der Angebotsseite. Die heutige Situation am hiesigen Immobilienmarkt präsentiert sich anders. Vielleicht nicht im kommerziellen Angebot, aber grundsätzlich fehlt es an vielen Orten an Wohnraum. Daher glaube ich nicht, dass man angebotsseitig Überkapazitäten geschaffen hat, auch wenn die Situation im Jahr 2015 / 16 teilweise überhitzt gewesen ist. Die Nachfrage ist derzeit eher höher als das Angebot.

Für die Raiffeisenbanken war es immer klar, dass sie historisch gegenüber dem Immobilienmarkt stark exponiert waren und das auch weiterhin sind. Wir haben jedoch neben vielen weiteren Massnahmen bewusst auch in das Anlagegeschäft investiert, um das Risiko unseres Geschäftsmodells zu diversifizieren. Die Risiken sind dem Bankgeschäft inhärent. Aber wir gehen diese mit dem notwendigen Bewusstsein ein.

PK *Mir fällt dabei auf, dass gerade im Hypothekarmarkt der Staatseingriff oder präziser ausgedrückt die regulatorische Intervention stark zugenommen hat. Wenn ich in der Vergangenheit die Belehnungs- und Tragbarkeitsregeln der Banken betrachtet habe, so hat es da an verschiedenen Ansätzen beinahe einen Wildwuchs gegeben. Die entsprechenden Modelle der Banken waren für den Regulator, die FINMA oder die ehemalige EBK, nicht transparent. Heute hat jede mittelprächtige Raiffeisenbank neben den Vorschriften aus der Zentrale in St. Gallen auch Vorschriften des Regulators zu beachten. Als Beispiel nenne ich die Amortisationsregeln für die Rückzahlung einer 2. Hypothek zur Reduktion der Belehnungshöhe. Das scheint mir mit einer Geschwindigkeitsbegrenzung im Strassenverkehr vergleichbar. Sobald eine Begrenzung auf 80 km/h signalisiert ist, fahre ich sie* *mit der entsprechenden Geschwindigkeit, auch wenn ich eher auf 60 km/h reduzieren sollte. Damit wird die Risikoverantwortung an die Aufsicht delegiert. Bist du auch der Meinung, dass mit der zunehmenden Regulierungsdichte ein trügerisches Sicherheitsgefühl geschaffen wird, ähnlich wie das möglicherweise auch mit den «To big to fail»-Regeln im Fall der Credit Suisse der Fall gewesen ist?*

PG Ich versuche mit meiner Antwort an die letzte Frage anzuknüpfen. Du hast nun verschiedene Fragen in den Raum gestellt. Aus meiner Sicht muss man mit der Beurteilung, dass die Too-Big-To-Fail-Regeln (TBTF) nicht funktioniert hätten, vorsichtig sein. Man hat im Fall der Credit Suisse vorher interveniert und diese Regeln nicht zur Anwendung gebracht. Diese Lösung hat man aus einer internationalen Stabilitätsperspektive gewählt …

PK *Das ist sehr gewählt ausgedrückt. Man könnte auch formulieren, dass der internationale Druck die Anwendung der TBTF-Regelungen nicht zuliess …*

PG Wie auch immer. Man hat diesen Weg wahrscheinlich auch in der Absicht gewählt, die Anwendung dieser Regelungen zu vermeiden. Aber eigentlich hätten die Instrumente zur Verfügung gestanden. Und in der anderen Frage teile ich deine Ansicht. Man hat auf jede Krise mit mehr Regulierung geantwortet. Das ist auch jetzt wieder der Fall. Nun werden wieder Forderungen nach mehr Kapital und Liquidität und weniger Bonuszahlungen formuliert. Aber was hätte davon bei der Situation der Credit Suisse wirklich geholfen? Die gleiche Diskussion ist auch nach den Ereignissen der Finanzmarktkrise 2007 / 2008 geführt worden. Die Frage, wie viel Regulierung notwendig ist, hat man damals heftig diskutiert. Und je stärker man reguliert, desto eher loten die regulierten Institutionen die Grenzen aus.

PK *Eine Risikokategorie, deren Einordung und Bewirtschaftung schwierig ist, sind die Risiken, welche die Reputation betreffen. Du hast in deiner Tätigkeit diese Risiken selbst hautnah erlebt und den Umgang mit ihnen auch mitgeprägt. Wie beurteilst du das aufgrund deiner Erfahrungen? Man kann ja auch die Situation der Credit Suisse so kategorisieren. Neben der Vertrauenskrise haben dort sicher auch noch weiteren Risiken angeschlagen. Inwieweit hat sich dein Blickwinkel diesbezüglich verändert?*

PG Man darf nicht unterschätzen, wie schnell sich News unabhängig von Wahrheitsgehalt und Präzision bei der Wiedergabe des tatsächlich Geschehenen verbreiten. Das geht blitzschnell. «Perception is reality.» Aber alle Entscheidungsträger müssen sich bewusst sein, dass alles, was man tut, die «At arm's length»-Voraussetzungen erfüllen und etwaige Interessenkonflikte ausgeräumt oder offengelegt werden müssen. Schliesslich mündet das in die Frage, welche Personen Teil eines Gremiums sind, wer zuletzt die Entscheidungen trifft und wie man sich in entsprechend kritischen Situationen verhält. Du hast mir noch die Frage gestellt, wie ich selbst damit umgegangen bin. Das führt ja auch auf die Frage zurück, wie man in Krisensituationen handelt, sei es gerade kürzlich bei der Credit Suisse, sei es vor rund fünf Jahren in der Raiffeisen-Gruppe. Die Ausgangslage war durchaus verschieden. Bei der Credit Suisse war insbesondere der finanzielle Status der Bank unklar. Ständig trafen hierzu eine Zeitlang neue Hiobsbotschaften ein. Bei Raiffeisen war das glücklicherweise anders. Das Geschäft war kerngesund. Wir hatten nie finanzielle Schwierigkeiten, vielmehr lief das Business auf vollen Touren. Selbst im schwierigen Jahr 2018, als ich das erste Mal als Verwaltungsratspräsident einspringen musste, eröffneten wir bei jedem Kundenabgang mehr neue Kundenbeziehungen. Vom Geschäftsverlauf her gesehen war es sehr gut, aber man war bezüglich der Reputation im Zuge der Vergangenheit herausgefordert. Ich denke, in einer solchen Situation ist es notwendig und auch wichtig, dass man schnell eine Analyse macht und danach rasch kommuniziert. Du hast vorher die Unterschiede zur Wissenschaft angesprochen. Dort möchte man zuerst sauber Daten sammeln, eine entsprechend umfassende Analyse durchführen und die daraus zu ziehenden Schlüsse vorsichtig und sicher ableiten. Es braucht Zeit über Monate, bis eine solche Untersuchung abgeschlossen ist. Aber die Geduld seitens Kundschaft, Markt, Politik und allen, die einen im Zug oder Tram fragen, ist dafür nicht vorhanden. Aus diesem Grund gilt es einen Weg zu finden, rascher zu kommunizieren und notwendige Entscheidungen zu treffen, aber die Sachlage dennoch transparent aufzuarbeiten.

PK *Wie hast du dir in dieser Situation überhaupt ein Bild davon gemacht, wie die Raiffeisen Bank Schweiz bzw. ihre oberste Führung in der Öffentlichkeit wahrgenommen wird? Du hast ja vorher gesagt, dass ihr keine negativen Kundengeldabflüsse habt verzeichnen müssen?*

PG Relevant ist die Struktur der Raiffeisen-Gruppe. Alle die direkt bei einer Raiffeisen Bank arbeiten, wissen, dass die Beziehung zur Kundschaft sehr eng ist. Auch aus heutiger Sicht kann man festhalten, dass die einzelnen Banken einen hervorragenden Job gemacht haben, indem sie die Kundenpflege erfolgreich weitergeführt und so das Reputationsthema isoliert haben. Dieses hat hauptsächlich Raiffeisen Schweiz betroffen und ist auf eine spezifische Zeitperiode in der Vergangenheit beschränkt gewesen.

PK *Ich möchte eigentlich noch einen anderen Punkt beleuchten. Der einzelne Kunde einer Raiffeisen Bank oder möglicherweise auch der Credit Suisse schafft sich sein Bild über sein Bankinstitut hauptsächlich über seinen Kundenberater. Zugleich vermitteln die Medien, was immer heute auch alles unter ihnen verstanden wird, auch ein Bild, das nicht per se identisch ist. Ich frage mich nun, falls man sich in einer solchen Situation mit einem sogenannten Medien-Monitoring beschäftigt, inwieweit ein solches Bild tatsächlich relevant ist und ob es auf das Verhalten der Kundschaft Einfluss nimmt.*

PG Ich glaube, Pascal, du hast deine Erfahrungen mit Medienerzeugnissen ja auch gemacht. Wir beide wissen, dass man nicht alles glauben kann, was man zu lesen bekommt. Zugleich ist man darauf angewiesen, sich ein Bild zu machen. Das macht es tatsächlich wichtig zu triagieren, was bzw. welcher Teil aus der Lektüre der Zeitung relevant ist. Natürlich muss man sich damit auseinandersetzen, was geschrieben wird. Ebenso wichtig ist aber, dass man mit den Leuten vor Ort in direktem Kontakt ist und glaubhaft bleibt. Man sollte auch in der Kommunikation entsprechende Massnahmen ergreifen, was wir im Jahr 2018 damals auch getan haben. Ich möchte hier nochmals den Brückenschlag zur Credit Suisse machen. Was mir im Herbst 2022 wirklich gefehlt hatte, war eine klare Ansage, wohin die strategische Reise geht. Im Oktober 2022 wäre das der richtige Zeitpunkt gewesen, nachdem bereits Kundengeldabflüsse bekannt geworden sind und die Notwendigkeit einer Rekapitalisierung klar war. Ich habe das bedauert. Die Aussagen, die man von der Spitze der Bank vernahm, waren auf den langfristigen kulturellen Wandel ausgerichtet, aber nicht darauf fokussiert, was in den nächsten Wochen und Monaten passieren sollte. Schliesslich wurde man von den Ereignissen überrollt und man war aufgrund des erlittenen Vertrauensverlusts handlungsunfähig.

PK *Welche Themen werden uns umtreiben, wenn du in die Zukunft schaust und wir uns in 10 Jahren wieder treffen? Ich denke dabei nicht nur an die Situation der Raiffeisen-Gruppe, sondern generell an den Finanzplatz Schweiz.*

PG 10 Jahre in die Zukunft zu schauen ist schwierig und ich stelle hierzu auch keine Prognose …

PK *Manchmal ist es schwieriger, in die kurzfristige Zukunft zu blicken …*

PG Ja, das ist mir bewusst, ich verstehe die Frage schon. Wir sind mit langfristigen Themen beschäftigt. Das Thema Digitalisierung ist dabei ein Hauptpunkt. Vor einem Jahr hat noch niemand über ChatGPT gesprochen, heute ist das in aller Munde. Die meisten Personen in dieser Runde arbeiten bereits in irgendeiner Form damit. Die Entwicklung läuft rasant. Die künstliche Intelligenz wird sehr viel beeinflussen. In welcher Form das passieren wird, ist schwierig abzuschätzen. Man kann sicher beobachten, dass wir uns inmitten einer massiven digitalen Transformation befinden. Der gesamte Bankensektor ist davon betroffen. Es gilt Dienstleistungen zu prüfen und zu bündeln. Wir sind mit enormen Datenmengen konfrontiert, die entsprechende Geschäftsmodelle ermöglichen. Diesem Trend kann sich kein Bankinstitut entziehen. Die Entwicklung wird sicher auch stark durch das regulatorische Korsett tangiert. Wenn ich aus China lese, dass eine Institution wie Ping An alles über ihre Kunden weiss, dann kann ein solches Institut damit Angebote aus dem Gesundheitswesen, der Immobilienfinanzierung, den Versicherungen sowie weitere Beratung beinahe umfassend anbieten. Das wird im chinesischen Markt möglichweise sogar geschätzt. In der Schweiz wäre das schlicht unmöglich, denn wir haben eine ganz andere Vorstellung vom Umgang mit personenbezogenen Daten und der Privatsphäre. Dennoch glaube ich, dass grosse Möglichkeiten bestehen. Man muss jedoch als Gesellschaft auch Entscheidungen treffen, wie man damit umgehen möchte. Digitalisierung, Datennutzung und eine entsprechende Konsolidierung in einigen Bereichen werden uns stark beschäftigen.

PK *Noch eine Frage mit Bezug zu deinen Studenten, die heute eine einigermassen vernünftige Bachelorarbeit mit ChatGPT erstellen oder auf eine andere AI-Lösung zurückgreifen können. Generell stellt sich damit die Frage, was Können überhaupt noch bedeutet, wenn man zur Ausfertigung einer Analyse auf derartige digitale Hilfestellungen zurückgreifen kann. Was rätst du hierzu deinen Studenten?*

PG Dazu ein kleiner Einschub: Wir hatten letzten Samstagabend eine kleine Feier an der Universität Basel veranstaltet. Ich bin Studiendekan, seit neun Jahren in der Universitätsleitung und verantwortlich für das Curriculum. Die Covid-Jahre 2020 und 2021 waren auch an der Universität sehr schwierig. Damals wurden am 16. März die Universitäten geschlossen und es standen in wenigen Wochen Prüfungen an. Wir stellten damals teilweise auf Essays um. So konstatierte ich letzten Samstag, dass es gut war, dass ChatGPT

erst zweieinhalb Jahre später breit zugänglich wurde.
ChatGPT und auch andere «Large Language Models» stellen uns an der Universität natürlich vor grosse Herausforderungen. Es gilt einen Weg zu finden, wie man damit umgehen kann. Es gab auch schon in der Vergangenheit AI-gestützte Software, die einen bei der Lösungsfindung unterstützte. Der Weg praktisch aller Universitäten in dieser Hinsicht ist, dass sie diesen Einsatz grundsätzlich zulassen und sogar fördern. Es gibt auch Kurse, in denen die Studierenden lernen, wie man die beste Suchstrategie wählt und so die Wahrscheinlichkeit erhöht, dabei gute Resultate zu erzielen. Um Plagiaten entgegenzuwirken, setzt man heute Software ein, beispielsweise Turnitin, das möglicherweise einige bereits kennen. Diese Lösung existiert seit beinahe 20 Jahren und man hat dort auch eine Lösung installiert, die – mit einer gewissen Fehlertoleranz – auch mit KI erstellte Texte erkennt. Das wird von Woche zu Woche besser. Darüber mache ich mir wenig Sorgen. Man konnte schon früher mogeln und abschreiben.
Ja, aber was bedeutet nun Können für einen Studierenden in einer solchen Welt, wenn du sagst, mogeln und abschreiben lohne sich nicht …
Es gibt eine Plagiatskontrolle bei studentischen Arbeiten. Beim Lesen der Arbeiten fällt es zunächst natürlich auf, wenn nach holprigen Passagen ein Textabschnitt folgt, der eine phantastische sprachliche Ausdrucksweise aufweist. Ganz ausschliessen kann man Plagiate nicht, aber man kann die Wahrscheinlichkeit ihres Auftretens reduzieren, indem man beispielsweise verstärkt andere Prüfungsformen wählt, beispielsweise ein Referat mit anschliessender Diskussion. So kann man auch das eigenständige Denken fördern.

Frage aus dem Publikum Besonders im Bankbereich wurde in jüngster Zeit viel über das Thema Eigenverantwortung und Regulierung gesprochen. Vorher wurde erwähnt, dass in dessen Darstellung teilweise übertrieben worden sei.

ES GIBT JEDOCH EIN WECHSELSPIEL: WIRD DIE EIGENVERANTWORTUNG NICHT WAHRGENOMMEN, REGULIERT DIE POLITIK NOCH MEHR. VORAUSGEGANGEN SIND EXZESSE IN DER BANKENWELT. NUN STELLT SICH FÜR MICH DIE FRAGE, WIE BANKEN DIE EIGENVERANTWORTUNG DER MITARBEITENDEN FÖRDERN KÖNNEN.

PG Ja, das ist die Kernfrage. Ich gebe dir recht, jede geschaffene Regulierung hat einen Ursprung, und der ist meistens, dass etwas vorgefallen ist, was besser unterlassen worden wäre. Das ist die eine Betrachtungsweise. Schliesslich führt dieser Vorgang zu einem Regulierungsdickicht, in dem der Blick auf das Ganze verloren geht. «Anything goes» ist nicht die Antwort. Aber man sollte mit geeigneten Werkzeugen arbeiten und sich bewusst sein, dass es nicht nur einen Benefit aus der Regulierung gibt, sondern auch Kosten einer falschen oder übermässigen Regulierung.

Replik aus dem Publikum Ja, das sehe ich schon auch so. Mir geht es jedoch mehr um die Frage, wie man für Funktionen die richtigen Personen auswählt. Das ist doch die eigentliche Schwierigkeit. Gerade in der Bankenwelt sind doch einige Personen, die nicht die notwendigen charakterlichen Eigenschaften aufweisen, auf der Karriereleiter zu weit aufgestiegen.

PG Das ist so. Meines Erachtens gibt es keine Regulierung, die dieses Risiko wirksam adressieren würde. Die Aufgabe, die man zumal als Verwaltungsrat, der Geschäftsleitungsmitglieder ernennt oder beruft, immer innehat, die richtigen Personen für die jeweilige Aufgaben zu bestimmen, ist schliesslich die wichtigste Funktion. Natürlich kommen in einer Bank viele weitere Tätigkeiten hinzu. Das führt jedoch wieder zum Thema Kommunikation und dazu vorzuleben, wie man miteinander umgeht. Man kann nie ausschliessen, dass irgendwo ein schwarzes Schaf existiert. Aber wir alle sind Menschen, die ein gewisses Sensorium haben, das wir gelegentlich auch einsetzen sollten.

Frage aus dem Publikum In der heutigen Zeit der Online-Banken, die wie Pilze aus dem Boden wachsen, frage ich mich, wie hierzu die Antwort der traditionellen Bankinstitute ausfällt. Ich kann mit wenigen Klicks ein Konto bei einer Online Bank eröffnen. Will ich das bei einer Raiffeisen Bank tun, muss ich beinahe einen Lebenslauf einreichen.

PG Nein, das gehört der Vergangenheit an ...

Replik aus dem Publikum Letzte Woche war es jedoch noch so.

PG Wir haben jüngst massiv in die Digitalisierung investiert. Ich muss fairerweise sagen, dass wir noch nicht am Ziel angekommen sind. Wir haben in das Tool

«Kundenerlebnis-Portal» investiert, das sich derzeit in der Rollout-Phase befindet. Es soll unter anderem genau die Möglichkeiten bieten, ein Kundenkonto in wenigen Minuten zu eröffnen. Natürlich werden hierzu gewisse Dokumente benötigt. Diese Herausforderung haben wir angenommen. Der Wunsch der Kunden ist für uns ersichtlich. Man möchte Flexibilität haben, zur Bank gehen können und den persönlichen Berater kontaktieren, aber der grösste Teil der Bankgeschäfte wird heute per Smartphone erledigt, insbesondere auch im Zahlungsverkehr. Aber wenn man jemanden für ein grösseres Finanzgeschäft benötigt, beispielsweise für eine Ersthypothek, ist man froh, zum persönlichen Gespräch vertrauensvoll am Tisch sitzen zu können. Ich bin auch der Meinung, dass kein Weg an der Digitalisierung vorbeiführt, und unterstütze das ganz. Aber Herausforderung und auch Notwendigkeit sehe ich im hybriden Ansatz. Ich glaube persönlich nicht an eine rein robotergestützte Lösung. Sie entspricht nicht der Nachfrage. Eine gute Kombination ist gefragt, der Weg, den die Raiffeisen Bank eingeschlagen hat. Auch andere Institutionen gehen in diese Richtung.

Replik aus dem Publikum Siehst du das auch so und teilst du meine Einschätzung, dass man für eine Kontoeröffnung keinen Lebenslauf einreichen muss?

PG Ich kenne den konkreten Fall mit Lebenslauf nicht. Aber prinzipiell ist es so, dass wir viel in die Verschlankung des Kundeneröffnungsprozesses investiert haben und sie auch «remote» ermöglichen. Klar muss man dabei noch in eine Kamera schauen, den Kopf drehen und die Ausweispapiere einscannen. Falls man aber die Unterlagen parat hat, sollte dieser Prozess weniger als fünf Minuten dauern. Die technischen Möglichkeiten sind vorhanden.

PK *Das führt gerade auch zur Abschlussfrage. Es gibt wohl eine empirische Korrelation oder gar eine Kausalität, dass Branchen, die einen hohen Staatsanteil aufweisen, eine grosse Kundenferne zeigen. Das kann man auch bei anderen Branchen ausserhalb der Bankenwelt beobachten. Auch bei einer Konsultation ist der Patient trotz vorreserviertem Termin regelmässig mit hohen Wartezeiten konfrontiert. Das wäre bei einer nicht staatlich regulierten Veranstaltung in dieser Form wohl nicht möglich. Der staatliche Eingriff im Bankgeschäft hat in der jüngeren Vergangenheit deutlich zugenommen. Das kann man wohl kaum abstreiten. Man hatte erhofft, dass die digitalen Neuerungen hier zu neuen Lösungen führen würden. Sie sind jedoch grossmehrheitlich versandet. Bist du der*

Meinung, dass sich das wieder ändern und der Staat sich hierin eher wieder ein wenig zurücknehmen wird oder verschlimmert sich das im Gegensatz eher noch?

PG Wir sind wieder beim Thema Regulierung gelandet. Ich denke nicht, dass sich hier die Vorzeichen umkehren. Viel wichtiger ist aus meiner Sicht, dass man sich nun mit Blick auf die Geschehnisse bei der Credit Suisse die Zeit nimmt, gründlich zu analysieren, bevor man wieder neue Regulierungen einführt. Sie haben zwar ihren Grund und machen vielleicht durchaus auch Sinn. Aber ich befürchte Druck aus der Politik, sodass man schnell nach neuen Rezepten ruft. Wir beide haben die Situation 2008 erlebt, in der man sicher Vieles gut gemacht hat. Man hat die Transparenz gefördert sowie das Werkzeug der zentralen Gegenparteien portiert und eingerichtet. Aber es war auch ein Wust an neuen Regulierungen eingeführt worden, die wiederum auch falsche Anreize bewirkt haben. Ich glaube, dessen sollte man sich stärker bewusst sein.

PK *Um nun noch positiv zu schliessen: Was macht dir besonders Spass, in diesem Bankgeschäft tätig zu sein?*

PG Erstens, die Raiffeisen-Gruppe ist spannend. Ich finde unseren Ansatz toll und es macht Freude, dort im Verwaltungsrat zu arbeiten. Ich glaube, ich konnte, auch den Umständen geschuldet, in den letzten fünf Jahren viel bewegen, zum Guten, wie ich hoffe. Ich betrachte es auch als Privileg – wir haben über meinen akademischen Weg und auch über das Banking gesprochen –, dass ich mich stets mit Bewertungsthemen, mit Finanzierungsfragen und Risikomanagement, angewandt auf Immobilien, beschäftigen durfte. Das ist eigentlich mein Cluster. Unternehmens-, Immobilienfinanzierung und Risikomanagement, das waren immer meine Themen. Ich konnte das sowohl an der Universität als auch in der Bankenwelt und an den entsprechenden Schnittstellen abdecken. Ich muss dafür dankbar sein, die Möglichkeit erhalten zu haben, auf beiden Seiten tun zu können, was mich interessiert.

PK *Vielen Dank für dieses Gespräch.*

ANTON B. SIEBER

Director, Forensic Technology

Welche bleibenden Erinnerungen verbinden dich mit unserem Club?

Mein Präsidialjahr und das damit verbundene, persönliche Engagement.

Einblicke in unterschiedlichste und immer wieder neue Themengebiete.

Grosse Activities wie das 30-jährige Jubiläum oder die Arabas Charity
Night.

Hands-On Activities und Übergabemeetings; weniger die statischen
Meetings in der Linde.

Was bedeutet dir persönlich die Mitgliedschaft?

Mich zusammen mit Lions-Kollegen aktiv und uneigennützig für etwas
Gutes zu engagieren.

Teil einer Gruppierung und Sache zu sein, die Verantwortung in der
Gesellschaft übernimmt.

Die Möglichkeit der Netzwerkerweiterung in berufliche Gebiete, welche mir
sonst weniger zugänglich wären.

Tolerante Kameradschaft, wo man auch immer wieder den Lions-Spirit
spürt. Ich freue mich bei jedem Meeting auf die persönlichen Kontakte und
den Meinungsaustausch.

WAS BLEIBT, WENN ALLES VERGESSEN IST?

Lions Meeting vom 1. Juni 2023: Gespräch mit Micheline Jenny

Einordnung und roter Faden

Am 1. Juni begrüssten wir Micheline Jenny in unserer Gesprächsrunde. Sie ist diplomierte Pflegefachfrau und kann auf eine langjährige Erfahrung in der Alterspflege zurückblicken. Im Jahr 2018 durfte sie ihr 20-jähriges Dienstjubiläum im Alterszentrum Hofwiesen in Dietlikon feiern, wo sie die Wohngruppe für Demenzerkrankte leitete. Gerade in diesem Jahr durfte ich Frau Jenny persönlich kennenlernen, als meine Mutter in diese Wohngruppe eintrat. Mittlerweile ist Frau Jenny pensioniert und dennoch weiterhin in der Demenzerkrankten- und Altenpflege engagiert.

Der Gedankenaustausch handelte von Themen, die mich auch in meinem nächsten Umfeld stark beschäftigen. Demenz bedeutet nicht einfach langsames Vergessen, sondern auch die Veränderung des autobiographischen Gedächtnisses: Was bleibt, wenn es keine Antworten mehr zur Frage «Wer-bin-ich?», der Identität, gibt? Was bleibt, wenn alles vergessen ist?

Pascal Koradi *Liebe Micheline, besten Dank, dass du heute unser Gast bist. Wir lernten uns vor rund fünf Jahren kennen. Es war der Tag, an dem mein Vater, meine Ehefrau und ich meine Mutter in die Obhut des Alterszentrums Hofwiesen übergaben. Ich kann mich noch sehr gut an diesen Moment erinnern. Als meine Frau und ich bei meinen Eltern eintrafen, spürte meine Mutter trotz ihrer bereits fortgeschrittenen Demenzerkrankung, dass ein entscheidender Schritt in ihrem Leben bevorstand, da für unsere Familie klar war, dass meine Mutter nun nicht mehr ohne ständige Aufsicht allein* *zu Hause sein konnte und ein Eintritt in eine spezialisierte Einrichtung unabdingbar war. Rational hatten wir diese Entscheidung geklärt, emotional blieb es für uns alle schwierig. Als wir dir in der Wohngruppe für Demenzerkrankte meine Mutter anvertrauten, brachte uns das alle an die Grenzen unserer mentalen Belastbarkeit. Meine Mutter, die sich stets uneigennützig für mich eingesetzt hatte, wurde von mir in ein Heim gebracht, weil wir uns die ständige Pflege und Betreuung nicht mehr zutrauten. Wie hast du diesen Tag erlebt? Ist unser Vorgehen vergleichbar mit anderen Fällen?*

Micheline Jenny (MJ) Ja, absolut. Der Ablauf war mit anderen von mir erlebten Situationen vergleichbar. Ein solcher Schritt ist für den Demenzerkrankten und seine Familie sehr belastend. Irgendwann wird ein Zustand erreicht, in dem die Pflege zu Hause einen schlicht überfordert. Dann gilt es zu handeln.

PK *Wartet man zu lange? Kann der Traum, möglichst lange zu Hause zu bleiben, auch zum Alptraum werden? Denken die Angehörigen zu spät an sich selbst?*

MJ Ja, ich denke, es gibt diese Tendenz. Insbesondere Frauen neigen dazu, ihre Männer bis zur vollständigen eigenen Erschöpfung zu pflegen.
Ein Tabuthema dabei ist auch die durch die Ohnmacht bedingte Gewalt. Es ist nicht allzu selten, dass es aus Überforderung in der Betreuung und Pflege von Angehörigen zu gewaltsamen Übergriffen kommt.

PK *Gibt es auch das Gegenteil?*

MJ In der Regel wartet man lange. Die Art und Weise, wie Angehörige nach dem Eintritt in ein Heim mit der demenzerkrankten Person die Beziehung weiterpflegen, ist jedoch sehr unterschiedlich. Manche denken, dass sie mit ihrem Tun nun ihre Pflicht erfüllt haben. Andere schauen jeden Tag vorbei. Auch die Qualität der Besuche unterscheidet sich. Manche schauen nur für einem gemeinsamen Kaffee vorbei, andere pflegen ihre Angehörigen noch in der Demenzabteilung selbst. Insbesondere in den späteren Phasen der Krankheit ist ein Gespräch oft nur noch sehr bedingt möglich. Beim Haarewaschen oder beim Eincremen mit einer Körperlotion kann aber die Beziehung weiter gepflegt werden. Das ist ganz verschieden.

PK *Welche Rolle kommt den Angehörigen zu? Du hast mir auch gesagt, dass Besuche der Angehörigen bei euch in der Wohngruppe manchmal auch für Unruhe gesorgt haben.*

MJ Ja, das ist so. Nicht alle Angehörigen wollen und können mit den eingeschränkten kognitiven Fähigkeiten der Demenzerkrankten umgehen. Das immerwährende Fragen danach, ob sie das eine oder andere noch wissen, kann grosse Verunsicherung und damit Unruhe auslösen.

DEMENZERKRANKTE MÖGEN ZWAR NICHT IMMER ALLES VERSTEHEN. DOCH EMOTIONAL NEHMEN SIE SCHWINGUNGEN AUF DER BEZIEHUNGSEBENE OFT GUT WAHR.

Das Zeitgefühl ist aber meistens gar nicht mehr vorhanden. Aussagen wie die, man komme bald oder zu einer bestimmten Zeit wieder, können unsere Bewohner nicht einordnen.

PK *Ist eine demenzerkrankte Person in einem spezialisierten Pflegezentrum besser aufgehoben?*

MJ Ja, ich denke, von einem gewissen Zeitpunkt an schon. Es gibt sicher gute Beispiele dafür, dass eine demenzerkrankte Person auch in einem anderen Rahmen gut gepflegt wird. Aber die Gefahr der Überforderung besteht schon. Zudem ist das Krankheitsbild ja nicht stabil und die Intensität der Pflege nimmt zu.

Frage aus dem Publikum Auch meine Mutter, die noch allein zu Haus lebt, ist an Demenz erkrankt, aber noch in einem frühen Stadium. Ihr Hausarzt hat das so diagnostiziert, möchte aber von einem spezifischen Demenztest absehen.

MJ Ja, das unterstütze ich. Gerade Hausärzte, die ihre Patienten gut und über lange Zeit kennen, können das sehr gut einschätzen. Ein Test würde hier mehr schaden als nützen, da er für die betroffene Person nur eine Belastung ist. Zudem muss ich zugeben, dass der dabei oft eingesetzte MMS-Test (Mini Mental Status Test) nicht immer valide Ergebnisse erzeugt. Wenn ich gerade jetzt unter Prüfungsbedingungen sagen müsste, was für ein Datum bzw. Wochentag heute ist, in welchem

Stock dieses Gebäudes wir uns befinden oder in 8er Schritten von der Zahl hundert ohne Stocken zurückzählen müsste, könnte das Resultat auch ungenügend sei.

Replik aus dem Publikum Von welchem Zeitpunkt an kann meine Mutter nicht mehr allein zu Hause wohnen? Sie weigert sich in eine Alterseinrichtung zu gehen.

MJ Schliesslich kann Ihnen niemand die Entscheidung abnehmen. Wenn Sie der Meinung sind, dass Sie zugunsten der freien Entscheidung ihrer Mutter damit umgehen können, dass ihr nach einem Sturz nicht rechtzeitig geholfen werden kann, ist die Dauer selbständigen Wohnens wohl noch ein wenig länger. Sobald jedoch eine Fremdgefährdung besteht, muss man handeln. Falls ihre Mutter ein Feuer im Haus macht und dabei andere Schaden nehmen könnten, ist die Ausgangslage klar. Ich kann mich an einen Fall erinnern, in dem eine Frau jeweils unvermittelt auf die Strasse gerannt ist. Dabei wurde sie einmal von einem Bus angefahren. Glücklicherweise überlebte die Frau den Unfall. Das war für den Busfahrer sehr wichtig. Er hätte persönlich nur sehr schwer damit umgehen können, einen Menschen getötet zu haben. Auch so kann eine Fremdgefährdung verstanden werden.

PK *Du bist seit über dreissig Jahren im Pflegeberuf tätig, davon seit rund zwanzig Jahren in leitenden Funktionen. Wie ist es dazu gekommen?*

MJ Durch Zufall. Ich begann damit über die Pflege meines Schwiegervaters. Als er pflegebedürftig wurde, nahm ich mich des Themas mit einer weiteren Angehörigen an. Ich konnte mir anfänglich nicht vorstellen, die tägliche Hygiene und das Waschen meines bettlägerigen Schwiegervaters zu übernehmen. Ich merkte jedoch bald, dass mir das gut gelang und ich Freude daran hatte, einem Menschen in Not unter Einhaltung seiner Würde zu helfen. So wurde die Pflege zu meinem Beruf.

PK *Wie kam es zum Wunsch, eine Leitungsfunktion zu übernehmen?*

MJ In meiner Ausbildung zur Pflegefachfrau lernten wir viele Praktiken und Verhaltensregeln, die ich nicht begriff bzw. begreifen wollte. So lehrte man uns beispielsweise, bei der Pflege stets eine halbe Armlänge Abstand zu halten. Pflege ist jedoch nicht einfach eine verrichtungsorientierte Tätigkeit. Es geht auch darum, mit körperlicher Nähe und Berührung Menschlichkeit und Wärme auszudrücken. Gerade bei Demenzerkrankten, denen die kognitiven Fähigkeiten teilweise oder beinahe ganz fehlen, ist körperlicher Kontakt in Würde das wichtigste und manchmal das einzige Mittel, eine Beziehung aufzunehmen. Ich wollte meine Ideen und Überzeugungen umsetzen können. Dazu war es notwendig, eine leitende Funktion zu übernehmen. Mit der Zeit wurden auch auf diesem Gebiet die Anforderungen an die theoretische Ausbildung erhöht. So musste ich mit bald 50 Jahren noch ein Studium an der Höheren Fachschule für Pflege absolvieren, obwohl ich über jahrzehntelange Erfahrung in der Pflege verfügte und auch schon seit geraumer Zeit Leitungsfunktionen innegehabt hatte.

PK *Inwieweit war die Pflege von Demenzerkrankten ein Thema in Ihrer Ausbildung?*

MJ Das Thema Demenz ist während meiner Ausbildung nur nebenbei behandelt worden. Heute ist das anders. Man weiss heute viel mehr und möchte dem entsprechend den Auszubildenden dieses Wissen vermitteln.

PK *Demenzerkrankte werden in Heimen in ihrer Autonomie beschnitten. Auch im Alterszentrum Hofwiese, in dem du die Leitung der Wohngruppe für Demenzerkrankte lange Jahre innegehabt hast, gibt es eine separate geschlossene Abteilung für Demenzerkrankte …*

MJ Ja, es ist nötig, einen geschützten Raum für Demenzerkrankte zur Verfügung zu stellen. Das ist mit Verlust von Autonomie verbunden. Demenzerkrankte verlieren im Verlauf der Krankheit zunehmend Fähigkeiten, weil sie diese schlicht vergessen. Dieses Vergessen hat in der Gruppe aber auch Vorteile. So kommt es immer wieder vor, dass eine Klientin unbekleidet im Gemeinschaftsraum erscheint, weil sie schlicht vergessen hat, dass sich das nicht ziemt oder sie sich einfach nicht angezogen hat. Es ist nicht so, dass die anderen Demenzerkrankten das nicht merken. Nur geht das Ganze rasch vergessen und wird der betroffenen Person nicht angelastet. Nun stellt euch das einmal in einer gemischten Gruppe im Alterszentrum vor. Die vermeintlich fehlbare Person, die ja ihr Verhalten in keiner Art und Weise einordnen kann, wäre stigmatisiert.

PK *Ist Enthemmung bei Demenzbetroffenen häufig?*

MJ Ja, es kommt sicher auf den Stand und die Art der Demenzerkrankung an. Aber ja, die körperliche Scham ist sicher reduziert und es kommt immer wieder zu entsprechenden Situationen. Wir im Pflegeberuf sind angehalten, hier in Würde zu reagieren und manchmal hilft auch eine Prise Humor.

PK *Welchen Einfluss hatten die Coronapandemie-Massnahmen auf deine Arbeit mit Demenzbetroffenen?*

MJ Das ist bzw. war ein ganz schwieriges Thema. Die entsprechenden Erlebnisse haben sicher auch dazu geführt, dass ich mich vorzeitig habe pensionieren lassen. Die behördlichen Anforderungen an die Pflege waren nur sehr schwer umsetzbar. Mit einer aufgesetzten Maske im Gesicht ist die nonverbale Kommunikation sehr schwierig. Bei Menschen mit einer starken kognitiven Einschränkung kann eine aufgesetzte Maske dazu führen, dass gar nichts mehr geht. Wie gesagt braucht es zur würdevollen Pflege auch die körperliche Nähe. Aus meiner Sicht hat die Gesellschaft und Politik in dieser Phase überreagiert und hilfsbedürftigen Menschen in geschlossenen Einrichtungen, wie solche für die Demenzpflege existieren, geschadet. Ich habe dafür nur wenig Verständnis aufbringen können und mich daher auch von der Pflege in öffentlichen Einrichtungen verabschiedet.

PK *Das Krankheitsbild einer demenzerkrankten Person verschlechtert sich zusehends. Woraus schöpft man dennoch Kraft und Hoffnung?*

MJ Ja, das ist so. Aber das ist einfach auch der Lauf des Lebens. Die Pflege von hilfsbedürftigen Menschen kann sehr bereichernd sein. Zu sehen, dass man Menschen helfen kann, damit diese sich gut und wohl fühlen, hat mir stets viel gegeben. In der Arbeit mit demenzerkrankten Personen und ihren Angehörigen bekommt man sehr viel Dankbarkeit und Anerkennung. All diese Menschen haben oft ein langes Leben mit vielen schönen und weniger schönen Erlebnissen hinter sich. Diese am Schluss würdevoll zu begleiten ist eine sehr wertvolle Aufgabe.

PK *Ist die Pflege ohne familiäre Bindung einfacher? Du hast mir einmal gesagt, dass du keine Pflegerinnen bei dir eingesetzt hast, die ein Arbeitspensum von mehr als 70 Prozent absolviert haben.*

MJ Ja, ich für mich selbst machte eine Ausnahme mit einem Pensum von 80 Prozent, wobei ich an einem Wochentag ausschliesslich administrative Büroarbeiten erledigte und somit nicht in der Pflege tätig war. Ich bin einfach der Meinung, dass die Betreuung von Demenzkranken besondere mentale Erholungspausen benötigt. Das kann nur mit einem Teilzeitpensum klappen. So startet man die Arbeit wieder frisch gestärkt. Insbesondere Frauen pflegen ihre Männer oft sehr lange zu Hause. Ich kann nicht sagen, welche Rolle hier die familiäre Bindung spielt. Nur braucht auch die pflegende Person Erholungspausen, insbesondere auch bei der privaten Pflege in der Familie. Können solche Pausen nicht eingerichtet werden, droht die Überlastung mit den vorher genannten Komplikationen.

Frage aus dem Publikum Täuscht der Eindruck, dass generell mehr Frauen von Demenz betroffen sind?

MJ Statistisch habe ich die Zahlen mit Bezug auf die Gesamtbevölkerung nicht gerade präsent. Es ist wohl schon so, dass mehr Frauen unter einer Demenzerkrankung leiden. Das hat sicher auch mit der durchschnittlich höheren Lebenserwartung zu tun. In den spezialisierten Demenzabteilungen, wie auch bei uns im Alterszentrum Hofwiesen in Dietlikon, gab es stets eine überwiegende Mehrheit von betroffenen Frauen. Das liegt insbesondere auch daran, dass Ehefrauen ihre Männer, die oft älter sind, länger zu Hause pflegen, was umgekehrt weniger oft der Fall ist.

PK *Demenz bedeutet ja nicht einfach vergessen. Eher geht grundsätzlich und zunehmend das auto-biographische Wissen verloren. Auf die existenzielle Frage «Wer bin ich?» findet man keine Antwort mehr. Was macht eine Person, ein Individuum aus? Der Moralphilosoph Jeff Mac Mahan sagte in sei-nem Buch Ethics of Killing (2002): «Wenn eine Person sich dauerhaft in einem «vegetativen» Zustand befindet, hört sie zu existieren auf. Was übrig bleibt, ist ein lebendiger, aber unbesetzter menschlicher Organismus.» Stimmen Sie dem zu? Ist eine demenzerkrankte Person eine «Post-Person»?*

MJ Dieser Aussage kann ich schlicht nichts abgewinnen. Wir Menschen sind nicht einfach Denkmaschinen. Demenzerkrankte mögen ihre kognitiven Fähigkeiten verlieren, aber sind und bleiben Menschen, deren Gefühle bis zum letzten Atemzug bleiben. Ihnen müssen wir mit Würde und Respekt begegnen. Das beginnt mit der Ansprache. Mir war es wichtig, dass wir unsere Bewohner stets mehrmals im Tag mit vollem Namen ansprachen, das heisst in der Höflichkeitsform. Es gibt keine Menschen zweiter Klasse. Mit der Art und Weise, wie ich mit meinen Mitmenschen umgehe, signalisiere ich meinen Respekt für die Würde meines Gegenübers. Pauschale Grussfloskeln oder Pflegehandlung ohne eine vorgehende Erklärung werden dem nicht gerecht.

PK *Die Krankheit «Demenz» zerstört nicht einfach nur die Substanz meiner Person, sondern auch die meiner Rechte als Person. Wie bewusst ist das den Betroffenen?*

MJ Natürlich ist das ein schwieriges Thema. Die Einschränkungen dienen ja in erster Linie dem Wohl der Betroffenen. Sicher ist es für die Bewohner schwierig und schränkt sie ein, dass zum Beispiel die Aussentüre abgeschlossen ist. Mit zunehmenden Krankheitsverlauf nimmt jedoch der Widerstand dagegen ab und das Bedürfnis nach Vertrautheit und Sicherheit wird viel wichtiger.

PK *Hat sich Ihr eigener Zugang zur Krankheit und zu den Betroffenen mit oder dank ihren Erfahrungen gewandelt? Was würden Sie tun, falls Sie bei sich selbst Anzeichen von Demenz erkennen würden?*

MJ Ich würde möglichst viele Nahestehende und Freunde entsprechend informieren. Es gilt ein Netz zu schaffen, in dem man sich später aufgehoben wissen kann. Mit Fortschreiten der Krankheit muss ich gewärtigen, dass ich künftig meine Nächsten zusehends nicht mehr kenne. Wenn ich sie entsprechend vorbereite, kann ich Missverständnissen frühzeitig zuvorkommen. Es ist wichtig anzuerkennen, dass ich an Demenz erkrankt bin, damit ich solange wie möglich meinem Weg mitbestimmen kann.

Einwurf aus dem Publikum Es gibt ja Möglichkeiten mit bildgebenden Verfahren (MRI) eine Demenzerkrankung zu erkennen. Bei meiner Mutter konnte man so die Rückbildung der Frontallappen erkennen, die für die Kognition wichtig sind.

MJ Hat man damals schon Veränderungen bemerkt?

Replik aus dem Publikum Ja, die Persönlichkeit meiner Mutter hatte sich bereits verändert. Man hat bemerkt, dass bei der Veränderung auch weitere, dahinter liegende Hirnregionen betroffen waren, so gingen mit der Zeit weitere Fähigkeiten verloren, so zum Beispiel die Fähigkeit zu gehen, weil die entsprechenden Hirnregionen geschädigt waren.

Frage aus dem Publikum Gibt es Medikamente, die den Verlauf der Krankheit verzögern?

MJ Es gibt sogenannte Alzheimer-Medikamente. Meine Erfahrung hat gezeigt, dass ich sie oft absetzen musste, da es in einem Heim wenig Sinn macht, sie zu verabreichen. Und nach der Absetzung haben wir bei keinem der Bewohner eine Veränderung festgestellt, weder zum Besseren noch zum Schlechteren, nicht in einem einzigen Fall. Der Einsatz solcher Medikamente scheint mir fragwürdig. Ich bin jedoch keine Ärztin und hatte nie die Kompetenz, diese Medikamente zu verschreiben oder abzusetzen. Ich kann daher keine Aussage über den Nutzen einer solchen Medikation machen. Ich persönlich unterstütze den Einsatz solcher Medikamente nicht. Die Entscheidung müssen jedoch die Angehörigen und der Arzt treffen. Ich selbst würde keine nehmen und das auch meinen Nächsten so empfehlen.

Frage aus dem Publikum Welche Wirkung sollten solche Medikamente entfalten? Man soll länger kognitiv stabil bleiben. Ich habe in der Schule noch gelernt, dass der Krankheitsverlauf stabiler sei. Aber auch beim Einsatz von Medikamenten wird irgendwann ein Zeitpunkt erreicht, an dem vieles einfach nicht mehr geht, auch wenn deren Effekt schneller und stärker ist. Das wurde mir so berichtet. Ich selbst habe das nie beobachtet. Bei uns hat die Absetzung bei unseren Bewohnern keinerlei Wirkung gezeigt. Aber ob solche Medikamente vorher etwas bewirkt haben, weiss ich nicht. Bei Schmerzmitteln ist das einfach zu beobachten. Ich kann unmittelbar nach der Einnahme von Medikamenten den Nutzen beurteilen. Aber soll das bei einem Alzheimer-Medikament funktionieren? Das ist wohl kaum feststellbar.

PK *Vielleicht noch eine abschliessende Frage zu einem Thema, das mich auch persönlich beschäftigt und die dir auch ein Schlusswort erlauben sollte. Als Angehöriger möchte man ja zur demenzerkrankten Person, in meinem Fall zu meiner Mutter, die Beziehung erhalten. Diesen Wunsch hast du sicher auch bei anderen Angehörigen wahrgenommen. Wie kann das über längere Zeit gelingen? Es gibt ja auch Angehörige, deren Entscheidung ich vollständig verstehe, die das nicht ertragen und die Beziehung vollständig abbrechen. Welchen Ratschlag kannst du uns hierzu mitgeben?*

MJ Mir hat mal jemand gesagt, wenn einem jemand nicht guttut, soll man ihn besser nicht treffen. Wenn es einen nur belastet, in eine psychische Notsituation bringt, der Besuch der Mutter nur eine vermeintlich unumgängliche Verpflichtung ist, soll man darauf verzichten oder das möglichst selten, zu wenigen, ausgewählten Zeitpunkten tun. Ich habe auch Menschen erlebt, die mir anvertraut hatten, dass sie ihren Partner in diesem Zustand einfach nicht sehen konnten. Sie haben ihren Partner unserer Obhut anvertraut und ihn nie mehr besucht. Auch das ist legitim. Dieses Verhalten ist genauso gerechtfertigt wie das Tun der Angehörigen, die unsere Wohngruppe täglich besuchen und jeden Tag bei einem Kaffee das Gespräch suchen. Es gibt die ganze Palette. Wenn man sich für einen Besuch entscheidet, ist aber wichtig, dass man den Besuchten als Menschen begreift und versucht, seine Bedürfnisse zu erkennen. Braucht er eine Berührung, möchte er, dass man mit ihm redet oder steht ein gemeinsamer Spaziergang an? Der Kontakt kann auch mit einer Berührung erfolgen, indem Angehörige, zum Beispiel das Duschen der demenzerkrankten Person übernehmen, weil sie einfach merken, dass so die Pflege der Beziehung noch möglich ist. Es gibt Angehörige, die dem Bewohner stundenlang, ohne etwas zu sagen, bei einem Kaffee gegenübersitzen, vielleicht ab und zu seine Hand, das Gesicht oder die Knie berühren und tun, was es auch immer braucht, um einen Kontakt herzustellen. Ein guter Besuch setzt Präsenz voraus.

MAN MUSS OFFEN SEIN ZU SPÜREN, WAS DAS GEGENÜBER BRAUCHT. UND EBEN, DER AN DEMENZ ERKRANKTE IST DA. ER IST MENSCH, AUCH WENN ER DAS GEDÄCHTNIS KOMPLETT VERLOREN HAT.

PK *Ein wunderschönes Schlusswort. Ganz herzlichen Dank für deine Ausführungen und deinen Besuch.*

MARKUS UTIGER

Inhaber

Welche bleibenden Erinnerungen verbinden dich mit unserem Club?

Seit 2016 bin ich Mitglied im LC Baden-Heitersberg und habe bereits viele
bleibende Erlebnisse mit dem Club verbinden dürfen. So durfte ich zum
Beispiel meine Erfahrung als Sommelier bereits vor meiner Mitgliedschaft
bei der Badenfahrt einbringen und die Weinselektion zusammen mit dem
Lionsclub treffen. Schon damals habe ich die offene und sehr interessierte
Art der Menschen im Club sowie das grosse Interesse untereinander sehr
geschätzt und mich über die vielen Hands-on Aktivitäten immer wieder
gefreut. Durch diese gemeinsamen Aktivitäten haben wir schon viele tolle
Erlebnisse erlebt und Meilensteine erreicht. Ausserdem schätze ich die
Regelmässigkeit, dass wir uns zu verschiedenen Anlässen treffen.

Was bedeutet dir persönlich die Mitgliedschaft?

Durch die vielen Treffen und Veranstaltungen habe ich unglaublich viele
nette Menschen kennenlernen dürfen, und es haben sich Freundschaften
daraus ergeben. Nicht nur konnte ich weitere Kontakte zu Menschen aus
anderen Bereichen knüpfen, sondern auch Freundschaften, die mein
Leben bereichern.

NACHWORT UND DANKSAGUNG

Mit diesem Buch möchte ich mich von Herzen bei all jenen bedanken, die zu seiner Entstehung beigetragen haben. Es ist ein Werk, das sich mit den Themen Vergänglichkeit, dem Bleibenden und dem Vergehenden auseinandersetzt – Fragen, die uns alle bewegen. In zehn Gesprächen, die im Rahmen des Lions Clubs Baden-Heitersberg stattfanden, durfte ich mich mit diesen Themen vertieft beschäftigen. Die Clubmitglieder bildeten das Forum, in dem wir uns austauschten. Die Gäste, die ich zu diesen Gesprächen einlud, sind Menschen, denen ich im Laufe meiner beruflichen Laufbahn begegnet bin. Ihre Erfahrungen und Perspektiven haben dieses Buch bereichert.

Mein beruflicher Weg war geprägt von Höhen und Tiefen, von Enttäuschungen und Freuden. Doch das, was bleibt, sind die Beziehungen zu den Menschen – die Verbindungen, die uns tragen und stärken.

Ein besonderer Dank gilt Ernst Werder, der mich bei der Projektidee und ihrer Umsetzung tatkräftig unterstützt hat. Ebenso danke ich allen Mitgliedern des Lions Clubs Baden-Heitersberg, die mich ermutigt und begleitet haben. Die Gesprächsteilnehmerinnen und -teilnehmer, die in diesem Buch zu Wort kommen, verdienen meine Anerkennung und meinen Dank. Wolfgang Baumgartner, der das Lektorat übernahm, sei ebenfalls herzlich gedankt.
Und schliesslich geht mein grösster Dank an meine Frau Alexandra und meine Kinder. Dieses Buch widme ich euch – als Zeichen meiner Liebe und Wertschätzung.

Möge dieses Buch dazu beitragen, dass Erinnerungen bewahrt werden und dass wir im Umgang mit Niederlagen stets den Blick auf das Wesentliche richten: die Menschen, die uns begleiten.

MARC WANNHOF

CEO

Welche bleibenden Erinnerungen verbinden dich mit unserem Club?

Sicherlich war die Durchführung des 40-jährigen Clubjubiläums kurz nach meinem Eintritt in den Club ein besonderes Erlebnis. Es beeindruckte mich sehr, wie sich jeder Einzelne engagierte, um die Veranstaltung mit zahlreichen Gästen erfolgreich zu gestalten. Insgesamt habe ich einen starken Teamgeist wahrgenommen.

Darüber hinaus sind mir auch die zahlreichen Activities in Erinnerung geblieben, allen voran der jährliche Käseverkauf. Dabei mussten alle Beteiligten nicht nur dem Wetter trotzen , sondern auch ihr verkäuferisches Geschick einsetzen, um den reichlich eingekauften Käse unter die Leute zu bringen.

Weiter denke ich gerne an die Weihnachtsmeetings zurück. Der Austausch mit den Lions Kollegen in festlichem Rahmen, begleitet von schöner Musik, gutem Essen und passenden Weinen, bleibt mir besonders positiv in Erinnerung.

Was bedeutet dir persönlich die Mitgliedschaft?

Die Mitgliedschaft im Lionsclub bedeutet mir neben der Möglichkeit, mit unseren Activities etwas Gutes zu tun, vor allem auch Kameradschaft und Kontakt mit den Lions-Kollegen. Ich schätze es sehr, dass wir einen ungezwungenen, unvoreingenommenen Austausch pflegen.

In unserem Club finden sich unterschiedliche, aber durchweg interessante Persönlichkeiten, und ich bin dankbar, als «Zugezogener» Teil des Lionsclubs Baden-Heitersberg sein zu dürfen. Neben diesen Kontakten empfinde ich auch die abwechslungsreichen Vorträge im Rahmen unserer Meetings als positiv und bereichernd.

ERNST WERDER

Inhaber

Welche bleibenden Erinnerungen verbinden dich mit unserem Club?

In besonderer Erinnerung bleibt mir der Charity-Anlass 1996/97, den ich als OK-Präsident initiiert und 1996 durchführen durfte; ein Konzert in der katholischen Kirche Ennetbaden mit den Sängern Simon Estes, John Brack und als Gastsängerin Maja Brunner. Zusammen mit dem damaligen Activity-Chef Geni, dem damaligen Präsidenten Tony P., allen Clubmitgliedern sowie dem Lions Club Aarau-Kettenbrücke organisierten wir am 1. Dezember 1996 ein Konzert der Superlative.

700 Gäste (CHF 120 Eintritt), ein Kinderchor der Zeka (Zentren für Körperbehinderte Aargau), der zusammen mit John Brack ein Weihnachtslied sang, und eine festlich geschmückte Kirche.

Mit dem gesammelten Geld konnten wir 1997 120 Kindern der Zeka eine riesige Freude bereiten. Unter der gewohnt souveränen Organisation von Geni als OK-Präsident und allen Clubmitgliedern beider Clubs haben wir einen speziellen Tag durchgeführt, der den Kindern noch lange in Erinnerung bleiben wird (Planwagenfahrt durch den Wald, Helikopterrundflüge, Bootsfahrt auf der Aare und als Abschluss eine Schifffahrt auf dem Zugersee mit allen Kindern, Helfern, John Brack und Maja Brunner). Für mich waren die strahlenden Kinderaugen ein unvergessliches Erlebnis.

Was bedeutet dir persönlich die Mitgliedschaft?

Ich habe in den letzten 30 Jahren viele spannende Menschen kennengelernt. Einige von ihnen gehören heute zu meinem engsten Freundeskreis.

Etwas zu bewegen, jemandem zu helfen oder zu unterstützen, entspricht auch meiner inneren Einstellung.

Wenn ich mich in einer Institution oder einem Verein engagiere, möchte ich auch aktiv mithelfen. Das hat mich dazu bewogen, von 1998 bis 2023 in irgendeiner Funktion im Vorstand mitzuhelfen. Es war eine spannende und interessante Zeit.

Die Mitgliedschaft in unserem Verein bedeutet mir sehr viel, und ich hoffe, dass ich noch lange aktiv dabei sein kann.